Altcoins y ICOs

Desmitificando Altcoins y ICOs:
Estrategias para identificar e invertir en
criptomonedas prometedoras

Lucia Rodriguez

Tabla de Contenidos

INTRODUCCIÓN

Bienvenido a "Altcoins y ICOs: Desmitificando Altcoins y ICOs: estrategias para identificar e invertir en criptomonedas prometedoras". El mundo de las criptomonedas ha experimentado recientemente un notable aumento en popularidad, cambiando la forma en que vemos las finanzas y las inversiones tradicionales. Las altcoins y las ofertas iniciales de monedas (ICO) están a la vanguardia de esta transformación digital y brindan oportunidades interesantes tanto para inversores experimentados como para principiantes para participar en la economía impulsada por blockchain.

Comprender los matices de las altcoins y las ICO se ha vuelto crucial para cualquiera que desee profundizar en este espacio apasionante y lucrativo a medida que el mercado de las criptomonedas se desarrolla y crece. Este libro electrónico sirve como guía completa para navegar por el mundo de las monedas alternativas y las ofertas iniciales de monedas (ICO), desmitificando estas ideas y proporcionándole la información y las técnicas para tomar decisiones de inversión acertadas.

Discutiremos los principios, los matices y los mejores métodos para identificar posibles criptomonedas y participar en ofertas iniciales de monedas sección por sección. Este libro electrónico ofrecerá información valiosa para ayudarle a navegar cómodamente en este entorno en constante cambio, ya sea que sea un entusiasta de las criptomonedas que busca diversificar su cartera de inversiones o un principiante listo para ingresar al sector de las criptomonedas.

En "¿Qué son las Altcoins?" Explicaremos la idea de las altcoins, su historia y sus cualidades distintivas, brindando a los lectores un vistazo a la amplia variedad de criptomonedas disponibles fuera de Bitcoin. Analizaremos sus casos de uso y determinaremos cómo afectan a la industria de las criptomonedas en su conjunto.

La siguiente sección, "Introducción a las ICO", desacreditará los mitos que rodean las ofertas iniciales de monedas. Revisaremos el funcionamiento de las ofertas iniciales de monedas (ICO), sus beneficios y los riesgos de participar en estos esfuerzos de financiación colectiva. También cubriremos las cuestiones legales y regulatorias cruciales para permitir una participación segura y legal en las ICO.

La clave para tomar decisiones financieras acertadas es realizar un estudio exhaustivo. En "Realización de investigaciones para inversiones en altcoins", le brindaremos los consejos y trucos que necesita para evaluar adecuadamente los proyectos y equipos de altcoins. Examinaremos la documentación técnica, evaluaremos los documentos técnicos y examinaremos el valor de la participación de la comunidad para determinar la viabilidad de una criptomoneda.

Cualquier inversor debe comprender los factores que afectan los valores de las altcoins. En "Factores que afectan los precios de las altcoins", veremos los diferentes aspectos que pueden causar cambios importantes en los precios en el mercado de las altcoins. Describiremos los factores importantes que pueden afectar sus inversiones, desde el sentimiento del mercado hasta los desarrollos tecnológicos y los cambios regulatorios.

El proceso de inversión en altcoins y ICO debe estar bien planificado. Le ayudaremos a desarrollar una estrategia de inversión integral en "Estrategias de inversión para Altcoins y ICO", destacando la gestión de riesgos, la diversificación y la selección de proyectos con importante utilidad en el mundo real.

En el mundo de las criptomonedas, la seguridad es de suma importancia. En "Carteras y seguridad", analizaremos las distintas carteras de criptomonedas y ofreceremos consejos cruciales para proteger sus activos de altcoins de posibles amenazas.

También debemos reconocer las implicaciones fiscales del comercio de altcoins. Los requisitos regulatorios relacionados con sus inversiones en criptomonedas se aclararán en "Impuestos e informes para inversiones en Altcoin", lo que garantiza que continúe cumpliendo con las autoridades fiscales.

En este libro electrónico, utilizaremos estudios de casos de proyectos rentables de criptomonedas e ICO para que pueda aprender de los éxitos pasados y evitar cometer los mismos errores.

Sin embargo, el éxito en el mercado de altcoins implica algo más que qué hacer; también implica saber de qué mantenerse alejado. En "Errores comunes que se deben evitar al invertir en Altcoins", destacaremos los errores típicos y los sesgos emocionales que pueden obstruir su proceso de inversión.

Para los principiantes, navegar por los intercambios y sistemas comerciales de altcoins puede resultar complicado. En "Navegación por los intercambios y plataformas comerciales de Altcoins", ofreceremos consejos sobre cómo elegir intercambios confiables y sugerencias para un comercio eficiente.

Finalmente, en "Tendencias futuras en los mercados de altcoins y ICO", echaremos un vistazo al futuro para hablar sobre posibles tendencias y avances que podrían influir en la dirección de las altcoins y las ICO y brindarle una vista previa de lo que está por venir.

Por lo tanto, este libro electrónico está diseñado para brindarle el conocimiento y los métodos necesarios para atravesar con éxito este panorama dinámico y transformacional, ya sea que su motivación sea aprender más sobre las criptomonedas por curiosidad o con la intención de invertir. Juntos, emprendamos esta aventura, desacreditemos las ICO y las altcoins, y descubramos las oportunidades que se avecinan en el ámbito de las criptomonedas potenciales. ¡Feliz lectura e inversión exitosa!

CAPÍTULO I

¿Qué son las Altcoins?

Definición y características de Altcoins

En los últimos años, el término "criptomoneda" se ha convertido en sinónimo del estándar oro digital, Bitcoin. Sin embargo, más allá de la imponente presencia de Bitcoin se encuentra un vasto y diverso ecosistema de criptomonedas alternativas, a menudo denominadas "altcoins". Las altcoins representan una evolución innovadora en el mundo de las finanzas descentralizadas, ofreciendo características, casos de uso e innovaciones únicos que complementan y, en algunos casos, desafían el dominio de Bitcoin. En esta sección, exploraremos la definición y las características de las altcoins, destacando sus atributos distintivos y arrojando luz sobre su importancia dentro del panorama más amplio de las criptomonedas.

Las altcoins, abreviatura de monedas alternativas, son criptomonedas que divergen del concepto original y del código base de Bitcoin. A pesar de que Bitcoin fue la criptomoneda descentralizada inicial, introducida por el seudónimo Satoshi Nakamoto en 2009, el rápido crecimiento de la industria de las criptomonedas allanó el camino para otros proyectos basados en blockchain con diferentes funcionalidades y objetivos. Como resultado, surgieron numerosas altcoins, cada una de las cuales se esforzaba por abordar limitaciones específicas u ofrecer soluciones únicas que no están presentes en Bitcoin.

Una de las características principales de las altcoins es la utilización de diversas tecnologías blockchain. Si bien Bitcoin opera con su algoritmo de consenso de prueba de trabajo (PoW) original, las altcoins a menudo experimentan con mecanismos de consenso alternativos, como prueba de participación (PoS), prueba de participación delegada (DPoS), prueba de participación autoridad (PoA), y otros. Estos mecanismos alternativos tienen como objetivo mejorar la escalabilidad, la eficiencia energética y la velocidad de las transacciones, abordando algunas de las deficiencias percibidas del modelo PoW de Bitcoin.

Además, las altcoins con frecuencia apuntan a casos de uso específicos que van más allá de la función principal de Bitcoin como depósito digital de valor y medio de intercambio. Por ejemplo, Ethereum, una de las altcoins más destacadas, introdujo contratos inteligentes que permiten a los desarrolladores crear aplicaciones descentralizadas (dApps) y ejecutar acuerdos programables. Otras altcoins se centran en la privacidad, la gobernanza, la gestión de identidades, el seguimiento de la cadena de suministro y más, mostrando la diversidad de aplicaciones potenciales dentro del espacio blockchain.

Además de los casos de uso especializados, muchas altcoins cuentan con tiempos de confirmación de transacciones más rápidos y tarifas de transacción más bajas en comparación con Bitcoin. Esta ventaja a menudo se atribuye al uso de diferentes algoritmos de consenso e intervalos de generación de bloques. Si bien el tiempo de bloqueo de Bitcoin es de aproximadamente 10 minutos, las altcoins como Litecoin y Bitcoin Cash tienen tiempos de bloqueo más cortos, lo que resulta en confirmaciones de transacciones más rápidas. De manera similar, las altcoins pueden tener tarifas de transacción más bajas debido a sus redes más escalables y eficientes.

El mundo de las altcoins se caracteriza por una innovación y un desarrollo incesantes. A medida que la tecnología blockchain madura, los desarrolladores de altcoins exploran continuamente soluciones y características novedosas para mejorar sus respectivas redes. Algunas altcoins han introducido soluciones de escalamiento de capa dos, protocolos de interoperabilidad, puentes entre cadenas y plataformas de finanzas descentralizadas (DeFi), lo que contribuye al panorama en constante expansión de las aplicaciones descentralizadas.

Varias de las muchas altcoins disponibles han atraído una atención y una adopción significativas en la comunidad de criptomonedas. Litecoin (LTC), a menudo denominada "la plata del oro de Bitcoin", es una de las primeras altcoins, creada por Charlie Lee en 2011. Fue diseñada para ser una alternativa más rápida y liviana a Bitcoin, con un tiempo de generación de bloques de 2,5 minutos y un suministro total de 84 millones de monedas.

Ethereum (ETH), lanzado en 2015 por Vitalik Buterin y otros cofundadores, revolucionó la industria blockchain al introducir contratos inteligentes. Estos acuerdos autoejecutables permiten a los desarrolladores crear aplicaciones descentralizadas y organizaciones autónomas descentralizadas (DAO), marcando el comienzo de una nueva era de cadenas de bloques programables.

Ripple (XRP), creado por la empresa Ripple Labs, tiene como objetivo facilitar transacciones transfronterizas rápidas y de bajo costo. El Algoritmo de Consenso del Protocolo Ripple (RPCA), en el que se ejecuta, es un algoritmo de consenso especial que tiene como objetivo cerrar la brecha entre las instituciones financieras convencionales y la tecnología blockchain.

Cardano (ADA) es una plataforma blockchain desarrollada con un fuerte énfasis en la investigación y los protocolos revisados por pares. Emplea una arquitectura en capas y un mecanismo de consenso PoS, buscando ofrecer un marco más seguro y escalable para contratos inteligentes y aplicaciones descentralizadas.

A pesar de sus posibles beneficios e innovaciones, las altcoins conllevan ciertos riesgos y consideraciones que los inversores deben conocer. Un riesgo importante es la alta volatilidad de los precios que a menudo se asocia con las altcoins, similar a la mayoría de las criptomonedas. Si bien esta volatilidad presenta oportunidades para obtener ganancias significativas, también entraña el riesgo de pérdidas sustanciales. Los inversores deben tener precaución y realizar una investigación exhaustiva antes de invertir en altcoins.

Además, el panorama regulatorio que rodea a las criptomonedas, incluidas las altcoins, varía significativamente entre las diferentes jurisdicciones. Los cambios regulatorios o las medidas enérgicas contra la industria de las criptomonedas pueden afectar los proyectos de altcoins, afectando potencialmente su valor y sus perspectivas futuras.

Además, la proliferación de altcoins ha dado lugar a numerosos esquemas fraudulentos y estafas. Los inversores deben estar atentos y verificar la legitimidad de los proyectos de altcoins antes de invertir o participar en ofertas iniciales de monedas.

En conclusión, las altcoins representan una gama dinámica y diversa de criptomonedas que han surgido para complementar y ampliar la innovadora base establecida por Bitcoin. Con diversas tecnologías blockchain, casos de uso especializados, tiempos de transacción más rápidos y desarrollo continuo, las altcoins son vitales para dar forma al futuro de las finanzas descentralizadas. Sin embargo, los inversores deben ser conscientes de los riesgos asociados con las inversiones en altcoins y ejercer la debida diligencia para tomar decisiones informadas dentro de este panorama en rápida evolución. A medida que la industria de las criptomonedas continúa madurando, las altcoins están preparadas para dejar una marca indeleble en el panorama financiero global, ofreciendo soluciones innovadoras y remodelando los paradigmas tradicionales.

Historia y evolución de las Altcoins

El nacimiento de Bitcoin en 2009 marcó el comienzo de una era revolucionaria en el mundo de las finanzas digitales. Como primera criptomoneda descentralizada, Bitcoin sentó las bases de una tecnología revolucionaria conocida como blockchain. Sin embargo, el ascenso de Bitcoin también despertó la curiosidad y la creatividad de desarrolladores y entusiastas de todo el mundo, lo que llevó al nacimiento de criptomonedas alternativas, comúnmente conocidas como "altcoins". En esta sección, exploraremos la historia y evolución de las altcoins, rastreando sus orígenes, hitos importantes y contribuciones al panorama en constante expansión de las finanzas descentralizadas.

La historia de las altcoins está estrechamente ligada al inicio de Bitcoin. En enero de 2009, una entidad anónima conocida como Satoshi Nakamoto publicó el documento técnico de Bitcoin, que describe un sistema de efectivo electrónico de igual a igual. Este documento innovador introdujo el concepto de una moneda digital descentralizada, protegida por principios criptográficos y mantenida a través de un libro de contabilidad público distribuido conocido como blockchain.

Nakamoto extrajo el Bloque 0 de la cadena de bloques de Bitcoin (también conocido como "bloque génesis") el 3 de enero de 2009. A partir de ese momento, comenzó el viaje de Bitcoin como criptomoneda pionera, generando fascinación y escepticismo tanto de las comunidades tecnológicas como financieras.

Si bien Bitcoin ganó popularidad y reconocimiento como moneda digital, se hizo evidente que la tecnología blockchain que introdujo tenía un potencial más amplio más allá de ser simplemente un medio de intercambio. A medida que los desarrolladores e innovadores estudiaron el código de Bitcoin y los principios subyacentes, reconocieron la posibilidad de crear sus propias criptomonedas con características y casos de uso distintos. Esta comprensión llevó al surgimiento de las altcoins como criptomonedas alternativas.

En 2011, Charlie Lee presentó la primera altcoin importante, Litecoin (LTC). Inspirándose en la tecnología de Bitcoin, Litecoin pretendía abordar algunas de sus limitaciones, como la velocidad de las transacciones y el algoritmo de minería. El lanzamiento de Litecoin marcó un momento crucial en las criptomonedas, ya que demostró la viabilidad de crear monedas digitales alternativas basadas en principios similares a Bitcoin.

A medida que la popularidad de Bitcoin se disparó, la demanda de altcoins también creció, lo que llevó a una explosión de nuevas criptomonedas. En los años siguientes se introdujeron numerosas altcoins, cada una de las cuales intentó hacerse un hueco y resolver desafíos específicos que enfrenta Bitcoin o atender casos de uso únicos.

Algunas altcoins notables que surgieron durante este período incluyen Namecoin (NMC), que buscaba descentralizar el registro de nombres de dominio; Peercoin (PPC), la primera criptomoneda que utiliza un algoritmo de consenso de prueba de participación; y Ripple (XRP), diseñado para transacciones transfronterizas rápidas y de bajo costo.

Si bien las primeras altcoins ofrecieron mejoras y variaciones en las características de Bitcoin, fue Ethereum el que realmente revolucionó el espacio blockchain. Lanzado en 2015 por Vitalik Buterin y sus cofundadores, Ethereum introdujo el concepto de contratos inteligentes.

Los contratos inteligentes son acuerdos autoejecutables con los términos del contrato escritos directamente en código. Permiten a los desarrolladores crear aplicaciones descentralizadas (dApps) en la cadena de bloques Ethereum, abriendo nuevas posibilidades más allá de las simples transacciones entre pares. La introducción de contratos inteligentes marcó un punto de inflexión en la evolución de las altcoins, ya que mostró el potencial de la tecnología blockchain para impulsar aplicaciones y plataformas descentralizadas.

El año 2017 fue testigo de una tendencia explosiva en el espacio de las criptomonedas: el auge de la Oferta Inicial de Monedas (ICO). Las ICO se convirtieron en un método popular de recaudación de fondos para proyectos blockchain, permitiéndoles recaudar fondos mediante la emisión de sus propios tokens en plataformas blockchain existentes como Ethereum.

Las ICO permitieron a las empresas emergentes y a los proyectos recaudar capital sin las limitaciones tradicionales del capital de riesgo o las ofertas públicas iniciales (IPO). Sin embargo, la locura de las ICO también atrajo el escrutinio regulatorio debido a la falta de supervisión y la prevalencia de proyectos fraudulentos.

A medida que maduró el espacio de las criptomonedas, la cantidad de altcoins se expandió exponencialmente. Cada nueva altcoin introdujo su propio conjunto de características, mecanismos de consenso y estructuras de gobernanza, atendiendo a comunidades y casos de uso específicos.

Algunas altcoins, como Monero (XMR) y Zcash (ZEC), se centraron en la privacidad y el anonimato y ofrecen funciones mejoradas de privacidad de las transacciones. Otros, como Cardano (ADA) y Polkadot (DOT), tenían como objetivo mejorar la escalabilidad y la interoperabilidad entre diferentes blockchains.

DeFi, abreviatura de Finanzas Descentralizadas, surgió como una tendencia importante dentro del espacio de las criptomonedas, ampliando aún más el papel de las altcoins. DeFi se refiere al uso de la tecnología blockchain y contratos inteligentes para crear aplicaciones y servicios financieros sin intermediarios.

Plataformas como Compound, Aave y Uniswap permitieron a los usuarios prestar, pedir prestado e intercambiar activos digitales directamente a través de contratos inteligentes. Los protocolos DeFi suelen tener sus propios tokens nativos, y estos tokens se convirtieron en oportunidades de inversión populares a medida que florecía el ecosistema DeFi.

A medida que el espacio de las altcoins evolucionó, también enfrentó su parte de desafíos y controversias. La proliferación de altcoins generó preocupaciones sobre la saturación del mercado y la posibilidad de una "burbuja" en el mercado de las criptomonedas. Además, la incertidumbre regulatoria que rodea a las altcoins y las

ICO generó dudas sobre la protección de los inversores y las posibles implicaciones legales.

Una adopción más amplia y la cooperación industrial también enfrentaron dificultades debido a la falta de estandarización e interoperabilidad entre diferentes altcoins y plataformas blockchain.

El futuro de las altcoins sigue siendo intrigante e incierto. Si bien algunos críticos cuestionan la necesidad de tantas criptomonedas alternativas, sus defensores argumentan que las altcoins impulsan la innovación y la competencia, ampliando los límites de lo que la tecnología blockchain puede lograr.

El futuro de las finanzas descentralizadas probablemente seguirá estando determinado significativamente por las altcoins a medida que se desarrolle la industria de las criptomonedas. Los proyectos que pueden demostrar utilidad, escalabilidad y seguridad en el mundo real tienen más probabilidades de resistir la prueba del tiempo y convertirse en actores integrales del ecosistema de las criptomonedas.

La historia y evolución de las altcoins representan un viaje fascinante de innovación, experimentación y crecimiento dentro del espacio de las criptomonedas. Desde los humildes comienzos de Bitcoin como la primera moneda digital descentralizada hasta el mundo diverso de las criptomonedas alternativas con casos de uso y tecnologías especializados, las altcoins han dejado una marca indeleble en el panorama financiero global.

Si bien las altcoins enfrentan desafíos y controversias, no se puede pasar por alto su papel a la hora de impulsar el progreso y explorar todo el potencial de la tecnología blockchain. A medida que avanzamos hacia el futuro, es probable que el desarrollo y la maduración continuos de las altcoins den forma al panorama de la industria de las criptomonedas, ofreciendo nuevas posibilidades y soluciones que desafíen los paradigmas financieros tradicionales.

Altcoins populares y sus casos de uso

A raíz de la revolucionaria introducción de la tecnología blockchain por parte de Bitcoin, el mundo fue testigo del rápido surgimiento de criptomonedas alternativas, también conocidas como altcoins. Estos activos digitales buscaban expandir la base establecida por Bitcoin, ofreciendo características y casos de uso únicos que atendían a industrias y necesidades de los usuarios específicas. En esta sección, profundizaremos en algunas de las altcoins más populares y exploraremos sus distintos casos de uso, mostrando la diversidad y el potencial dentro del panorama en constante expansión de las criptomonedas alternativas.

Una de las altcoins más famosas y apreciadas en el mercado de las criptomonedas es Ethereum. Lanzado en 2015 por Vitalik Buterin y sus cofundadores, Ethereum introdujo el concepto de contratos inteligentes, revolucionando la industria blockchain. Los contratos inteligentes son acuerdos autoejecutables con términos escritos directamente en código. Permiten a los desarrolladores crear aplicaciones descentralizadas (dApps) que operan sin autoridades centrales ni intermediarios.

En la cadena de bloques Ethereum se construye un amplio ecosistema de aplicaciones descentralizadas (dApps) de una variedad de industrias, incluidos los juegos, la gestión de la cadena de suministro, los tokens no fungibles (NFT) y las finanzas descentralizadas (DeFi). La versatilidad y programabilidad de Ethereum lo han convertido en una piedra angular para la innovación y experimentación de blockchain.

Ripple, creada por la empresa Ripple Labs, se ha convertido en una destacada altcoin con un enfoque específico en facilitar transacciones transfronterizas rápidas y de bajo costo. A diferencia de la mayoría de las criptomonedas, Ripple no se basa en mecanismos de minería tradicionales, sino que utiliza un algoritmo de consenso único llamado Algoritmo de Consenso del Protocolo de Ripple (RPCA).

La red de pagos de Ripple tiene como objetivo cerrar la brecha entre las instituciones financieras tradicionales, permitiendo remesas transfronterizas y liquidaciones internacionales más rápidas y eficientes. Al asociarse con bancos e instituciones financieras, Ripple tiene como objetivo optimizar los sistemas de pago globales, revolucionando potencialmente la forma en que transferimos valor a través de las fronteras.

La "plata del oro de Bitcoin", como se conoce frecuentemente a Litecoin, fue lanzada en 2011 por Charlie Lee como una versión más rápida y liviana de Bitcoin. Litecoin y Bitcoin son bastante similares, pero Litecoin ofrece confirmaciones de transacciones más rápidas ya que su tiempo de generación de bloques es más corto (2,5 minutos) y utiliza un método de minería diferente llamado Scrypt.

El enfoque de Litecoin en transacciones más rápidas y tarifas más bajas lo convierte en una opción atractiva para las transacciones y micropagos del día a día. Si bien es menos programable que Ethereum, el caso de uso principal de Litecoin se centra en ser un medio de intercambio confiable y eficiente.

Cardano es una plataforma blockchain que enfatiza la investigación y los protocolos revisados por pares. Fundada por Charles Hoskinson, uno de los cofundadores de Ethereum, Cardano aspira a ofrecer un entorno más escalable y seguro para la creación de dApps y contratos inteligentes.

La arquitectura en capas de Cardano separa las capas de liquidación y computacional, lo que la hace más flexible y fácil de actualizar con el tiempo. La eficiencia energética y la seguridad de la red son dos de los objetivos que "Ouroboros", el proceso de consenso de PoS, intenta alcanzar.

Polkadot es una altcoin única que se centra en la interoperabilidad entre diferentes blockchains. Fundada por el Dr. Gavin Wood, cofundador de Ethereum, Polkadot tiene como objetivo crear una plataforma descentralizada que permita que múltiples blockchains interactúen y compartan información sin problemas.

A través de su cadena de retransmisión, Polkadot facilita la comunicación y la transferencia de activos entre diferentes blockchains, mejorando la escalabilidad y usabilidad general de la red. Al abordar la cuestión de los silos de blockchain, Polkadot tiene como objetivo fomentar la colaboración y la innovación entre varios proyectos dentro del ecosistema descentralizado.

La criptomoneda nativa de uno de los intercambios de criptomonedas más grandes del mundo, Binance, se llama Binance Coin. Lanzado inicialmente como un token ERC-20 en la cadena de bloques Ethereum, BNB migró a su propia cadena de bloques, Binance Smart Chain (BSC), para permitir transacciones más rápidas y económicas.

BNB sirve para múltiples casos de uso dentro del ecosistema de Binance, incluidas tarifas comerciales con descuento, participación en ventas de tokens y provisión de liquidez para intercambios descentralizados (DEX) que operan en BSC. A medida que Binance continúa expandiendo sus servicios y ofertas, BNB sigue siendo parte integral de su funcionamiento.

Chainlink es una altcoin que desempeña un papel crucial en el ecosistema blockchain al proporcionar servicios de Oracle descentralizados. Los oráculos actúan como puentes entre los contratos inteligentes y las fuentes de datos externas, permitiendo la ejecución de contratos inteligentes basados en información del mundo real.

Al utilizar una red de nodos para recuperar y validar datos fuera de la cadena, Chainlink garantiza la seguridad y confiabilidad de las entradas de datos para contratos inteligentes. Esta funcionalidad es fundamental para permitir que los contratos inteligentes interactúen con eventos del mundo real, como datos meteorológicos, precios de mercado y sensores de IoT.

Monero es una altcoin centrada en la privacidad que prioriza el anonimato y la imposibilidad de rastrear las transacciones. A diferencia de Bitcoin, que opera con un libro de contabilidad transparente, Monero aprovecha técnicas criptográficas avanzadas para ofuscar los detalles de las transacciones, incluidas firmas circulares y direcciones ocultas.

Las características de privacidad de Monero lo convierten en una opción atractiva para los usuarios que buscan una mayor confidencialidad en las transacciones. Su compromiso con la privacidad también ha llevado a un escrutinio regulatorio, ya que algunos gobiernos y autoridades expresan preocupaciones sobre su uso potencial en actividades ilícitas.

Stellar es una plataforma de altcoins y blockchain diseñada para facilitar los pagos transfronterizos y permitir la inclusión financiera de poblaciones desatendidas. El enfoque de Stellar en conectar instituciones financieras, sistemas de pago e individuos tiene como objetivo crear una red financiera global abierta y accesible.

Al permitir transacciones transfronterizas rápidas y económicas, Stellar busca empoderar a personas y empresas en áreas con poco acceso a los servicios bancarios convencionales. La Stellar Development Foundation, una organización sin fines de lucro, supervisa el desarrollo de la plataforma y promueve su misión de inclusión financiera.

El mundo de las altcoins es un panorama dinámico y diverso, en el que cada criptomoneda ofrece características únicas y aborda casos de uso específicos. Desde la revolucionaria introducción de contratos inteligentes por parte de Ethereum hasta la naturaleza centrada en la privacidad de Monero y las soluciones de pago transfronterizo de Ripple, las altcoins han ampliado las posibilidades de la tecnología blockchain.

Es probable que las altcoins desempeñen un papel más importante en la determinación del futuro de las finanzas descentralizadas a medida que se desarrolle la industria de las criptomonedas. Su potencial para fomentar la innovación, permitir la interoperabilidad y abordar los desafíos del mundo real consolida aún más su lugar dentro del ecosistema más amplio de las criptomonedas. Sin embargo, los inversores y usuarios deben abordar las altcoins con la debida diligencia, entendiendo los riesgos y oportunidades únicos de cada criptomoneda. El viaje de las altcoins aún está en desarrollo y su impacto en el panorama financiero global aún no se ha materializado por completo.

CAPÍTULO II

Introducción a las ICO (ofertas iniciales de monedas)

¿Qué son las ICO y cómo funcionan?

Las Ofertas Iniciales de Monedas (ICO), una forma revolucionaria de recaudación de fondos, fueron posibles gracias al rápido desarrollo de las criptomonedas y la tecnología blockchain. Las ICO han ganado una inmensa popularidad como medio para que los proyectos de blockchain obtengan capital directamente del público, sin pasar por las vías de financiación tradicionales como el capital de riesgo o las ofertas públicas iniciales (IPO). En esta sección, exploraremos el concepto de ICO, examinaremos cómo funcionan y analizaremos su impacto en el panorama de las criptomonedas.

Un proyecto basado en blockchain recauda fondos a través de una oferta inicial de monedas (ICO), en la que emite y vende sus propios tokens de criptomonedas a partidarios e inversores. Estos tokens suelen representar el acceso futuro a los servicios, productos o red del proyecto. El objetivo principal de una ICO es recaudar fondos para el desarrollo y la implementación de la visión del proyecto, así como construir una comunidad de primeros usuarios que crean en el potencial del proyecto.

A diferencia de las ofertas de valores tradicionales, las ICO no otorgan a los inversores derechos de propiedad sobre la empresa o el proyecto. En cambio, los participantes de ICO adquieren tokens que pueden tener utilidad dentro del ecosistema del proyecto, como acceso a servicios, derechos de voto o incentivos de participación.

Las ICO ganaron prominencia en 2017 cuando varios proyectos de alto perfil recaudaron millones de dólares en un corto período. Este período marcó el auge de las ICO, con una gran cantidad de nuevas empresas de blockchain que buscaban atraer inversores para financiar sus ambiciosos proyectos. Sin embargo, el meteórico ascenso de las ICO estuvo acompañado de incertidumbre regulatoria y un aumento notable de esquemas fraudulentos, lo que llevó a un escrutinio generalizado por parte de gobiernos y autoridades financieras de todo el mundo.

A raíz del auge de las ICO, los organismos reguladores de varios países comenzaron a abordar la falta de supervisión y protección de los inversores en el espacio de las ICO. Como resultado, algunas ICO enfrentaron desafíos legales, mientras que otras se adaptaron para cumplir con las pautas regulatorias.

La creación de un documento técnico completo suele ser el primer paso en el proceso de establecimiento de una ICO. El documento técnico describe la visión, los objetivos, las especificaciones técnicas, los casos de uso, la tokenómica (distribución y utilidad de tokens), los miembros del equipo y la hoja de ruta para el desarrollo y la implementación del proyecto.

El documento técnico sirve como fuente de información principal para inversores potenciales y ofrece información sobre el potencial y la legitimidad del proyecto. Los proyectos con documentos técnicos bien definidos y documentados tienen más probabilidades de ganarse la confianza de la comunidad y atraer inversores.

Antes del lanzamiento público de la ICO, algunos proyectos realizan rondas de preventa y de inversión privada para atraer a los primeros inversores. A precios reducidos, se ofrecen tokens a personas seleccionadas, empresas de capital de riesgo o socios estratégicos durante estas etapas. Estas rondas proporcionan un medio para asegurar la financiación inicial y obtener el apoyo de patrocinadores influyentes.

La fase pública de ICO es la parte más crucial del proceso de recaudación de fondos. En esta etapa, el proyecto abre su venta de tokens al público en general, permitiendo que cualquiera pueda participar. Los inversores pueden comprar los tokens del proyecto utilizando criptomonedas populares como Bitcoin (BTC) o Ethereum (ETH).

La campaña de ICO suele tener un plazo establecido para que los inversores compren tokens. Los proyectos también pueden establecer un límite estricto, especificando la cantidad máxima de fondos que pretenden recaudar durante la ICO. La venta de tokens se cierra una vez que se alcanza el límite máximo o finaliza la campaña.

Una vez finalizada la ICO, el equipo del proyecto distribuye los tokens comprados a las billeteras digitales de los inversores. Los tokens suelen cumplir con ERC-20 (para proyectos creados en la cadena de bloques

Ethereum) o siguen un estándar específico si el proyecto opera en una cadena de bloques diferente.

Luego, los inversores pueden utilizar los tokens adquiridos de acuerdo con los mecanismos de utilidad y gobernanza del proyecto. Dependiendo del diseño del proyecto, los tokens pueden brindar acceso a servicios de plataforma, derechos de voto sobre propuestas de gobernanza, recompensas de apuestas u otros incentivos dentro del ecosistema.

El espacio de las ICO se ha enfrentado a numerosos desafíos, especialmente en lo que respecta al cumplimiento normativo y la protección de los inversores. La falta de regulaciones estandarizadas a nivel mundial dio lugar a varias estafas y proyectos fraudulentos, dejando a los inversores en riesgo de perder sus inversiones.

En respuesta, varios países y organismos reguladores emitieron directrices y advertencias sobre los riesgos asociados con la participación en las ICO. Algunas jurisdicciones han considerado ciertas ICO como ofertas de valores y las han sometido a regulaciones de valores, lo que requiere el cumplimiento de los requisitos Conozca a su cliente (KYC), así como los requisitos contra el lavado de dinero (AML).

Una de las principales ventajas de las ICO es que brindan a los inversores minoristas la oportunidad de invertir en proyectos en una etapa temprana, obteniendo potencialmente exposición a retornos significativos si el proyecto tiene éxito. Las ICO también permiten a las nuevas empresas recaudar fondos directamente del público sin necesidad de intermediarios o empresas de capital de riesgo. Finalmente, las ICO facilitan la formación de comunidades activas de primeros usuarios que invierten en el éxito del proyecto.

Uno de los desafíos importantes asociados con las ICO es que la falta de regulaciones globales consistentes crea incertidumbre y expone a los inversores a riesgos potenciales. La naturaleza no regulada del espacio de las ICO atrajo proyectos fraudulentos, causando pérdidas significativas a inversores desprevenidos. Por último, algunos proyectos no cumplieron sus promesas, dejando a los inversores sin ningún recurso para recuperar sus inversiones.

En respuesta a las preocupaciones regulatorias y la necesidad de una mayor protección de los inversores, la industria de las criptomonedas fue testigo del surgimiento de métodos alternativos de recaudación de fondos.

Las ofertas de tokens de seguridad (STO) surgieron como una alternativa regulada a las ICO. A diferencia de los tokens de utilidad que se ofrecen en las ICO, los tokens de seguridad representan derechos de propiedad o capital en un proyecto o empresa. Las STO están sujetas a regulaciones de valores, que exigen el cumplimiento de requisitos legales y medidas de protección de los inversores.

Las ofertas iniciales de intercambio (IEO) ganaron terreno a medida que los intercambios buscaban ofrecer una plataforma más segura para las ventas de tokens. En una IEO, el intercambio lleva a cabo la venta de tokens en nombre del proyecto, proporcionando una plataforma examinada que permite a los inversores participar directamente desde sus cuentas de intercambio.

Las IEO se consideran una opción más segura para los inversores, ya que los intercambios llevan a cabo la debida diligencia en los proyectos antes de realizar sus ventas de tokens, lo que reduce la probabilidad de estafas.

Las Ofertas Iniciales de Monedas (ICO) han revolucionado el panorama de la recaudación de fondos, brindando a los proyectos blockchain un camino directo hacia el capital y el apoyo temprano de la comunidad. Las ICO permitieron la creación de diversos proyectos, cada uno de los cuales se esforzaba por alterar las industrias tradicionales e introducir soluciones innovadoras.

Sin embargo, el espacio de las ICO también enfrentó desafíos, ya que las incertidumbres regulatorias, las estafas y los riesgos de los inversores apagaron parte del entusiasmo inicial. A medida que la industria de las criptomonedas madura, la evolución de los métodos de recaudación de fondos como las ofertas de tokens de seguridad (STO) y las ofertas de intercambio iniciales (IEO) muestra un cambio hacia una protección de los inversores y un cumplimiento normativo más excelentes.

Si bien el auge de las ICO puede haber disminuido, las lecciones aprendidas y el impacto de las ICO en el ecosistema blockchain continúan dando forma al futuro de la recaudación de fondos y las finanzas descentralizadas. A medida que la industria de las criptomonedas supera estos desafíos y explora nuevas vías, el potencial de la tecnología blockchain sigue siendo cada vez más prometedor, allanando el camino para un panorama financiero más inclusivo e innovador.

Ventajas y riesgos de participar en ICO

Las ofertas iniciales de monedas (ICO) han transformado el panorama de la recaudación de fondos y la adquisición de capital para proyectos basados en blockchain. Como medio para recaudar fondos directamente del público, las ICO han permitido que nuevas empresas innovadoras eviten las vías de financiación tradicionales y obtengan apoyo temprano de la comunidad. Sin embargo, el espacio de las ICO enfrenta desafíos, ya que la falta de supervisión regulatoria y la prevalencia de esquemas fraudulentos exponen a los inversores a riesgos significativos. Esta sección explorará las ventajas y riesgos de participar en ICO, destacando las posibles recompensas y riesgos asociados con esta novedosa forma de inversión.

Una de las principales ventajas de participar en ICO es la oportunidad de invertir en proyectos blockchain en etapa inicial. La financiación tradicional de capital de riesgo suele favorecer a empresas establecidas con trayectoria comprobada, lo que deja a los inversores minoristas con acceso limitado a nuevas empresas prometedoras. Las ICO democratizan el panorama de inversión, permitiendo a cualquiera invertir en proyectos desde su inicio y potencialmente obtener exposición a retornos significativos si el proyecto tiene éxito.

Las ICO facilitan una conexión directa entre los proyectos y el público, evitando a los intermediarios tradicionales como las empresas de capital de riesgo o los bancos de inversión. Las empresas emergentes pueden recaudar fondos de un grupo mundial de inversores sin una autoridad centralizada mediante el uso de la tecnología blockchain. Este modelo descentralizado de recaudación de fondos se alinea con los principios básicos de blockchain, fomentando un ecosistema financiero más inclusivo y democratizado.

Las ICO fomentan la creación de comunidades activas y comprometidas en torno a proyectos blockchain. Los inversores que participan en una ICO a menudo se convierten en primeros usuarios y defensores del éxito del proyecto. Este sentido de comunidad crea un efecto de red, donde los partidarios contribuyen al crecimiento del proyecto, brindan retroalimentación y abogan por una adopción más amplia.

Los inversores pueden lograr grandes rendimientos debido a la naturaleza inicial de las inversiones de ICO si el proyecto experimenta una rápida adopción y crecimiento. A medida que los proyectos exitosos ganan terreno y atraen a más usuarios, el valor de los tokens nativos puede apreciarse considerablemente, lo que genera ganancias sustanciales para los primeros inversores.

Las ICO ofrecen a los inversores la oportunidad de diversificar sus carteras de inversión más allá de los activos tradicionales. Al asignar fondos a proyectos de blockchain con distintos casos de uso y enfoques industriales, los inversores pueden protegerse contra riesgos y capitalizar oportunidades potenciales en el mercado de criptomonedas en rápida evolución.

La ausencia de marcos regulatorios coherentes y completos para las ICO expone a los inversores a riesgos importantes. Dado que las regulaciones varían en las distintas jurisdicciones, los inversores pueden encontrarse sin la protección legal adecuada en caso de proyectos fraudulentos o fallidos. La falta de supervisión regulatoria también permite que actores maliciosos lancen estafas y esquemas engañosos, lo que genera pérdidas potenciales para inversores desprevenidos.

El espacio de las ICO ha sido testigo de numerosos proyectos fraudulentos que buscan aprovechar la falta de conciencia de los inversores y las lagunas regulatorias. Estas estafas a menudo prometen retornos poco realistas o tecnologías revolucionarias, pero ofrecen poco o ningún valor tangible. Los inversores desprevenidos que sean víctimas de tales esquemas pueden perder toda su inversión.

Invertir en ICO implica exposición al mercado de criptomonedas altamente volátil. El valor de los tokens ICO puede experimentar fluctuaciones significativas, a veces en períodos cortos. Los inversores pueden enfrentar pérdidas considerables debido a las fluctuaciones del mercado, especialmente si compran tokens a su valor máximo durante la venta inicial de tokens.

No todos los proyectos de blockchain que realizan ICO tienen un modelo de negocio viable o perspectivas sostenibles a largo plazo. Muchas nuevas empresas carecen de los recursos y la experiencia para implementar sus ambiciosas visiones, lo que lleva al fracaso o al estancamiento de los proyectos. Los inversores deben evaluar cuidadosamente el documento técnico, el equipo y el progreso de desarrollo del proyecto para evaluar su potencial de éxito.

Invertir en ICO puede generar iliquidez, particularmente para tokens de proyectos que no cotizan en las principales bolsas o carecen de mercados comerciales activos. A los inversores puede resultarles difícil salir de sus posiciones al precio deseado, lo que genera períodos de tenencia prolongados y un acceso limitado a su capital invertido.

Los inversores deben realizar una debida diligencia exhaustiva antes de participar en cualquier ICO. Este proceso implica investigar el documento técnico del proyecto, los miembros del equipo, el consejo asesor, las asociaciones y el progreso del desarrollo. Los inversores deben evaluar críticamente la viabilidad del proyecto, la demanda del mercado, el panorama competitivo y el potencial de adopción.

Los inversores deben evaluar si el proyecto cumple con los requisitos reglamentarios aplicables. Los proyectos que operan bajo regulaciones establecidas y que demuestran un compromiso con la transparencia y la protección de los inversionistas tienen más probabilidades de ser confiables.

Evaluar la utilidad del token nativo del proyecto es esencial. Es más probable que los tokens que ofrecen una utilidad tangible dentro del ecosistema del proyecto, como acceso a servicios, derechos de voto o incentivos de participación, tengan valor y demanda inherentes.

Los inversores deben diversificar sus inversiones en ICO en múltiples proyectos e industrias para mitigar los riesgos. Distribuir las inversiones entre diferentes proyectos con distintos perfiles de riesgo puede ayudar a amortiguar el impacto de posibles pérdidas y capitalizar diversas oportunidades.

Los inversores deben estar atentos y ser cautelosos ante las señales de alerta que indiquen posibles estafas o proyectos fraudulentos. Las promesas de rendimientos garantizados, las afirmaciones poco realistas y la falta de transparencia en los detalles del proyecto son indicadores comunes de posibles estafas.

Consideraciones legales y regulatorias para las ICO

La aparición de las Ofertas Iniciales de Monedas (ICO) como un método novedoso de recaudación de fondos ha revolucionado la forma en que los proyectos blockchain recaudan capital. Si bien las ICO ofrecen interesantes oportunidades para la innovación y la participación comunitaria, también conllevan desafíos legales y regulatorios. Se han expresado preocupaciones relacionadas con la protección de los inversores, así como con la integridad general del mercado de las criptomonedas, en respuesta a la ausencia de regulaciones globales estándar y al creciente número de esquemas fraudulentos. Esta sección explorará las consideraciones legales y regulatorias para las ICO, examinando el complejo panorama que los proyectos y los inversionistas deben navegar para garantizar el cumplimiento y minimizar los riesgos.

Un proyecto basado en blockchain recauda fondos a través de una oferta inicial de monedas (ICO), en la que emite y vende sus propios tokens digitales a partidarios e inversores. Estos tokens a menudo representan un acceso futuro a los servicios, productos o red del proyecto. Las ofertas iniciales de monedas (ICO) se han vuelto populares como una forma para que los empresarios recauden fondos del público en general sin utilizar la financiación de riesgo tradicional ni las ofertas públicas iniciales (IPO).

Las ICO han sido fundamentales para democratizar el acceso a oportunidades de inversión, permitiendo a los inversores minoristas participar en proyectos en etapa inicial y potencialmente obtener retornos significativos. Sin embargo, la naturaleza no regulada de las ICO también ha dado lugar a esquemas fraudulentos y desafíos regulatorios, lo que requiere un escrutinio legal y regulatorio.

El panorama regulatorio para las ICO varía significativamente entre diferentes países. Algunos países han adoptado una postura proactiva, estableciendo regulaciones precisas para proteger a los inversores y promover la innovación en la industria blockchain. Por el contrario, otros han adoptado una postura cautelosa o restrictiva, considerando las ICO como riesgos potenciales para la estabilidad financiera o vías para actividades ilícitas.

La clasificación de los tokens emitidos en ICO sigue siendo una cuestión compleja. Las jurisdicciones clasifican los tokens de manera diferente, a menudo como tokens de utilidad, de seguridad o híbridos. Cada clasificación conlleva distintas implicaciones regulatorias, lo que dificulta que los proyectos determinen el camino regulatorio apropiado para sus ofertas de tokens.

Las ICO deben cumplir con las leyes de valores y las regulaciones financieras existentes en sus jurisdicciones. Los proyectos que ofrecen tokens con características de valores pueden estar sujetos a regulaciones de valores, en particular requisitos de registro y medidas de protección de los inversores. El incumplimiento podría dar lugar a sanciones graves y consecuencias legales para el equipo del proyecto.

Los emisores de ICO deben priorizar la debida diligencia y la transparencia. Proporcionar información precisa y completa en el documento técnico del proyecto y otras divulgaciones públicas es esencial para generar confianza con los inversores potenciales. La información engañosa o inexacta puede dar lugar a acciones legales y dañar la reputación del proyecto.

Los emisores de ICO deben asegurarse de que sus proyectos no infrinjan los derechos de propiedad intelectual existentes. El uso de materiales con derechos de autor o marcas registradas sin la autorización adecuada podría dar lugar a disputas legales y poner en peligro el desarrollo del proyecto.

Para prevenir el lavado de dinero y las actividades ilícitas, es posible que los emisores de ICO deban implementar procedimientos contra el lavado de dinero (AML) y Conozca a su cliente (KYC). Al identificar y verificar las identidades de los inversores, los proyectos pueden demostrar el cumplimiento de las regulaciones ALD y proteger sus ecosistemas de riesgos potenciales.

Los emisores de ICO deben definir claramente los términos de venta de tokens en acuerdos contractuales y contratos inteligentes. Estos acuerdos deben describir los derechos y obligaciones tanto del equipo del proyecto como de los inversores, garantizando transparencia y claridad durante todo el proceso de recaudación de fondos.

Los inversores que participan en las ICO deben realizar una debida diligencia exhaustiva para evaluar la legitimidad y viabilidad del proyecto. Evaluar el documento técnico del proyecto, los miembros del equipo, el progreso del desarrollo y el potencial de la industria puede ayudar a los inversores a tomar decisiones informadas y mitigar los riesgos de inversión.

Los inversores deben estar atentos a posibles estafas y ICO fraudulentas. Las señales de alerta, como promesas poco realistas de altos rendimientos, falta de transparencia y miembros del equipo no verificables, deberían generar cautela y una mayor investigación.

Los inversores deben conocer el entorno regulatorio en su jurisdicción y garantizar el cumplimiento de las leyes locales al participar en ICO. Puede ser necesario cumplir con los requisitos AML y KYC, dependiendo de las medidas de cumplimiento del proyecto.

En respuesta al crecimiento de las ICO, varios países han logrado avances en el establecimiento de marcos regulatorios claros. Estos marcos tienen como objetivo equilibrar la protección de los inversores y fomentar la innovación, proporcionando orientación a los emisores e inversores de proyectos.

Las ofertas de tokens de seguridad (STO) han surgido como una alternativa regulada a las ICO. Las STO emiten tokens que representan derechos de propiedad o capital en un proyecto, sometiéndolos a regulaciones de valores. Las STO tienen como objetivo proporcionar una vía de recaudación de fondos que cumpla con las normas y al mismo tiempo ofrecer a los inversores una mayor protección legal.

CAPÍTULO III

Realización de investigaciones para inversiones en Altcoin

Evaluación de proyectos y equipos de Altcoin

El mundo de las criptomonedas está plagado de criptomonedas alternativas, comúnmente conocidas como altcoins, cada una de las cuales compite por atención e inversión. Si bien las altcoins ofrecen oportunidades de inversión únicas, también conllevan riesgos considerables. Los inversores deben evaluar cuidadosamente tanto la competencia de las personas detrás de un proyecto de altcoin como sus fundamentos para poder tomar decisiones de inversión informadas. En esta sección, profundizaremos en los factores clave a considerar al evaluar proyectos y equipos de altcoins, proporcionando a los inversores el conocimiento para navegar con confianza en el complejo mercado de las criptomonedas.

Los proyectos de altcoins forman la base de cualquier decisión de inversión. Analizar el documento técnico del proyecto es fundamental, ya que describe la visión, los objetivos, los detalles técnicos, los casos de uso y la tokenómica. Un documento técnico sólido debe demostrar claridad, transparencia y la viabilidad de las soluciones propuestas por el proyecto. La alineación de la visión del proyecto con los problemas del mundo real y una propuesta de valor clara son indicadores de su potencial de éxito.

Además del documento técnico, los inversores deben evaluar la tecnología subyacente del proyecto altcoin. Factores como la escalabilidad, la seguridad y la eficiencia de la red blockchain desempeñan un papel crucial a la hora de determinar la viabilidad a largo plazo del proyecto. Es más probable que los proyectos que introducen avances tecnológicos novedosos y abordan desafíos de escalabilidad se destaquen en el competitivo panorama de las altcoins.

Además, es esencial comprender el caso de uso y el potencial de mercado del proyecto altcoin. Los proyectos que abordan problemas genuinos y tienen mercados objetivo sustanciales tienen más probabilidades de ser adoptados y generar una demanda sostenible para sus tokens. Además, evaluar la tokenómica, incluida la oferta total, los modelos de distribución y los mecanismos de inflación, es vital para comprender el valor del token y su potencial de apreciación.

La competencia y la experiencia del equipo del proyecto son factores fundamentales para determinar el éxito de un proyecto de altcoin. Los inversores deben investigar los antecedentes, las calificaciones y la experiencia relevante en la industria de los miembros del equipo. Un equipo fuerte y diverso con un historial de proyectos exitosos agrega credibilidad al proyecto altcoin.

El progreso del desarrollo y la hoja de ruta del proyecto ofrecen información sobre la capacidad del equipo para ejecutar su visión. Las actualizaciones periódicas del progreso y la comunicación transparente sobre los hitos y logros del proyecto son indicativos de un proyecto prometedor y bien gestionado.

La participación de la comunidad es otro aspecto esencial a considerar. Una comunidad comprometida y vibrante significa un proyecto sólido con el apoyo entusiasta de sus seguidores. Los inversores deben examinar la presencia del proyecto en las redes sociales, los foros comunitarios y los canales de comunicación de los desarrolladores para detectar indicadores de transparencia y participación activa.

Finalmente, las asociaciones y colaboraciones con entidades acreditadas pueden reforzar la credibilidad y el potencial de un proyecto de altcoin. Los inversores deben evaluar la calidad y relevancia de las asociaciones del proyecto, ya que pueden indicar el reconocimiento y apoyo de la industria.

Los inversores deben ser conscientes de los riesgos potenciales y las señales de alerta para tomar decisiones de inversión bien informadas. El cumplimiento regulatorio es una consideración crítica, ya que los proyectos que ignoran o carecen de claridad sobre los requisitos regulatorios pueden enfrentar problemas legales en el futuro. La evaluación de las medidas de cumplimiento del proyecto puede mitigar los riesgos regulatorios para los inversores.

Los proyectos con una distribución desproporcionada de tokens o importantes preventas a inversores privados también pueden generar preocupaciones sobre la centralización y la posible manipulación del mercado. Los inversores deben consultar sobre la estrategia de distribución de tokens para comprender la equidad y transparencia de la oferta.

Prometer demasiado y confiar en exageraciones de marketing sin avances fundamentados debe considerarse con cautela. Los inversores deben evaluar críticamente las pretensiones del proyecto y evitar ser víctimas de un entusiasmo infundado.

Las auditorías de seguridad y la respuesta del proyecto a posibles vulnerabilidades también son consideraciones cruciales. Las violaciones o hackeos de seguridad pueden afectar significativamente la reputación y el valor simbólico del proyecto.

Realizar investigaciones y análisis exhaustivos es fundamental para evaluar eficazmente los proyectos de altcoins. Los inversores deben aprovechar fuentes de información acreditadas, publicaciones de la industria y opiniones de expertos para obtener conocimientos completos.

Una gestión de riesgos prudente incluye diversificar las inversiones en altcoins en múltiples proyectos e industrias. La diversificación ayuda a mitigar el impacto de pérdidas potenciales y permite la exposición a diversas oportunidades.

Los inversores deben alinear su horizonte y objetivos de inversión con la hoja de ruta de desarrollo del proyecto altcoin y sus posibles hitos. Los inversores a largo plazo pueden priorizar proyectos con fundamentos sólidos, mientras que los operadores a corto plazo pueden centrarse en el sentimiento y la liquidez del mercado.

La evaluación de proyectos y equipos de altcoins es un proceso complejo que requiere investigación, análisis y evaluación de riesgos diligentes. El mercado de las criptomonedas ofrece interesantes oportunidades de inversión, pero también conlleva riesgos inherentes debido a su naturaleza dinámica y falta de uniformidad regulatoria.

Comprensión de los documentos técnicos y la documentación técnica

En el mundo de las criptomonedas en rápida evolución, los documentos técnicos y la documentación técnica desempeñan un papel fundamental como modelo para comprender la visión, la tecnología y los mecanismos subyacentes de los proyectos de criptomonedas. A medida que el mercado sigue creciendo, comprender la importancia de estos documentos fundamentales se vuelve esencial tanto para inversores, desarrolladores y entusiastas. Esta sección explora la importancia de los documentos técnicos y la documentación técnica, profundiza en sus componentes clave y analiza cómo dan forma a la trayectoria de los proyectos de criptomonedas.

Un documento técnico es un documento detallado que cubre el concepto, los objetivos, los requisitos técnicos y la hoja de ruta de un proyecto de criptomonedas. Sirve como un plano que presenta el proyecto al público, inversores y usuarios potenciales, detallando el problema que pretende resolver y la solución propuesta. Los documentos técnicos ofrecen transparencia y claridad, lo que los convierte en un recurso invaluable para evaluar los méritos de un proyecto de criptomonedas.

Los documentos técnicos desempeñan un papel crucial a la hora de demostrar la innovación y la singularidad de un proyecto. Los desarrolladores y emprendedores presentan sus ideas y tecnologías de vanguardia, explicando cómo planean revolucionar las industrias y hacer realidad nuevas posibilidades. Al mostrar el ingenio del proyecto, los documentos técnicos atraen la atención de la comunidad y de posibles inversores.

Para los inversores, los documentos técnicos proporcionan información esencial para evaluar el potencial de un proyecto de criptomonedas. Un documento técnico bien redactado con una visión clara y un plan viable inspira confianza y atrae inversiones más importantes. Los documentos técnicos sirven como punto de entrada para que los inversores evalúen la viabilidad de un proyecto e influyen significativamente en las decisiones de inversión.

En el resumen ejecutivo se proporciona una descripción general de la visión, los objetivos y los aspectos más destacados del proyecto. Permite a los lectores captar rápidamente la esencia del proyecto antes de sumergirse en los detalles más finos. Un resumen ejecutivo conciso y convincente puede cautivar a los lectores y animarlos a explorar más el documento técnico.

La introducción establece el contexto y explica el problema que el proyecto busca abordar. Describe la importancia del problema e introduce la solución propuesta. Una introducción bien elaborada establece la relevancia de la misión del proyecto y capta la atención del lector desde el principio.

Esta tecnología y arquitectura profundiza en los aspectos técnicos del proyecto. Explica la tecnología blockchain subyacente, los mecanismos de consenso y cualquier característica innovadora que distinga el proyecto de los demás. La sección de tecnología y arquitectura proporciona información crítica sobre las capacidades técnicas del proyecto y sienta las bases para análisis posteriores.

Tokenomics describe la economía del token nativo del proyecto. Cubre la distribución de tokens, el suministro total, los mecanismos de inflación y el papel del token dentro del ecosistema del proyecto. Comprender la tokenómica es esencial para los inversores, ya que afecta el valor del token y su potencial de apreciación.

Los casos de uso aclaran cómo el proyecto resolverá problemas del mundo real y creará valor para los usuarios. Explora aplicaciones potenciales en diferentes industrias y escenarios. Una sección de casos de uso bien articulada demuestra la relevancia y aplicabilidad del proyecto en escenarios prácticos.

La hoja de ruta describe los hitos del proyecto y el cronograma de desarrollo previsto. Ofrece a los lectores una idea de los planes y ambiciones del proyecto. Una hoja de ruta clara y realista infunde confianza en la capacidad del proyecto para ejecutar su visión y cumplir los objetivos.

La sección de equipo y asesores presenta a los miembros y asesores principales del proyecto. Destaca su experiencia y experiencia relevante, infundiendo confianza en la capacidad del proyecto para ejecutar su visión. La credibilidad de un proyecto aumenta con un equipo sólido con una trayectoria exitosa.

La documentación técnica complementa el documento técnico ofreciendo un análisis en profundidad de la tecnología y el desarrollo del proyecto. Proporciona a programadores y desarrolladores detalles esenciales para comprender el código base del proyecto y participar en su desarrollo. La documentación técnica juega un papel crucial en la naturaleza de código abierto del proyecto, permitiendo a los contribuyentes comprender y contribuir al proyecto de manera efectiva.

La documentación técnica explica la estructura y los componentes del código base del proyecto. Ayuda a los desarrolladores a comprender cómo interactúan y colaboran los diferentes módulos dentro del sistema. Una descripción general clara del código base facilita una colaboración más fluida entre los desarrolladores y mejora el proceso de desarrollo del proyecto.

Esta sección describe las interfaces de programación de aplicaciones (API) y los puntos de integración que permiten a los desarrolladores externos crear aplicaciones en la plataforma blockchain del proyecto. Las API y las integraciones amplían las funcionalidades del proyecto y fomentan la participación de desarrolladores externos.

La documentación técnica detalla los contratos inteligentes del proyecto, el código que automatiza acciones dentro de la cadena de bloques. Explica la lógica y funcionalidad de estos contratos. Los contratos inteligentes son componentes cruciales de muchos proyectos de criptomonedas y comprender su funcionalidad es vital para desarrolladores e inversores.

El mecanismo de consenso rige cómo los participantes de la red acuerdan la validez de las transacciones. La documentación técnica aclara el algoritmo de consenso elegido y sus ventajas. Los mecanismos de consenso son fundamentales para garantizar la seguridad y la eficiencia de la red blockchain del proyecto.

Los documentos técnicos y la documentación técnica deben redactarse en un lenguaje claro y conciso. Evitar la jerga y proporcionar explicaciones claras facilita una comprensión y accesibilidad más amplias. Los proyectos de criptomonedas deben esforzarse por hacer que sus documentos sean comprensibles para una audiencia amplia, incluidos lectores tanto técnicos como no técnicos.

Un proceso de desarrollo transparente inspira confianza entre los miembros de la comunidad y los inversores. Los proyectos deben informar a las partes interesadas sobre el progreso, los desafíos y las actualizaciones a través de comunicaciones periódicas. La transparencia fomenta un sentido de participación comunitaria e inversión en el éxito del proyecto.

La naturaleza de código abierto de muchos proyectos de criptomonedas permite que terceros independientes realicen auditorías de código. Estas auditorías mejoran la transparencia y validan la seguridad y funcionalidad del proyecto. El código auditable garantiza que el proyecto siga siendo responsable y refuerza la confianza entre las partes interesadas.

Los inversores y las partes interesadas dependen en gran medida de los documentos técnicos y la documentación técnica para evaluar la viabilidad de un proyecto. La calidad y coherencia de estos documentos influyen significativamente en las decisiones de inversión. Un documento técnico bien estructurado y convincente puede atraer inversiones y apoyo comunitario más importantes.

La credibilidad de un proyecto está estrechamente ligada a la claridad y coherencia de su documento técnico y su documentación técnica. Es más probable que los inversores, los desarrolladores y la comunidad en general tomen en serio los proyectos con documentos bien estructurados. La reputación y la credibilidad son factores esenciales que influyen en el éxito y la adopción de un proyecto de criptomonedas.

Los libros blancos y la documentación técnica también contribuyen a la construcción de la comunidad. Los proyectos con visiones claras y explicaciones detalladas atraen a más entusiastas y partidarios. Una comunidad fuerte es vital para el éxito a largo plazo de un proyecto, ya que ayuda a impulsar la adopción y fomenta el desarrollo y el apoyo continuos.

El espacio de las criptomonedas ha sido testigo de casos de plagio y documentos técnicos fraudulentos. Los inversores deben ser cautelosos y realizar investigaciones exhaustivas para identificar estafas. Evaluar la credibilidad y originalidad de la documentación del proyecto es fundamental para evitar ser víctima de proyectos fraudulentos.

Algunos documentos técnicos pueden prometer visiones grandiosas sin la capacidad de ejecutarlas. Los inversores deberían buscar hojas de ruta realistas y soluciones viables. Es crucial evaluar críticamente las capacidades del proyecto y la viabilidad de sus objetivos.

Los documentos técnicos y la documentación técnica deben cumplir con los requisitos legales y reglamentarios pertinentes. Los proyectos que no respetan el cumplimiento pueden enfrentar desafíos legales, lo que afecta negativamente su desarrollo y reputación.

Los documentos técnicos y la documentación técnica desempeñan un papel fundamental a la hora de dar forma a la trayectoria de los proyectos de criptomonedas. Proporcionan a los inversores información esencial, mientras que los desarrolladores dependen de la documentación técnica para contribuir al desarrollo del proyecto. La claridad, la transparencia y el cumplimiento de las normas legales son fundamentales para generar confianza y credibilidad.

A medida que evoluciona el mercado de las criptomonedas, comprender y evaluar críticamente los documentos técnicos y la documentación técnica son habilidades indispensables tanto para los inversores como para los desarrolladores y los entusiastas. Al tomar decisiones informadas basadas en estos documentos, las partes interesadas pueden contribuir al crecimiento y maduración del ecosistema de las criptomonedas. Los proyectos transparentes y bien documentados tienen más posibilidades de obtener el apoyo de la comunidad, atraer inversiones y generar un impacto duradero en el panorama dinámico y en constante cambio de las criptomonedas.

Análisis de la presencia comunitaria y en las redes sociales

El mercado de altcoins ha crecido rápidamente y ofrece a los inversores una amplia variedad de oportunidades de inversión. En este panorama dinámico, analizar la presencia en la comunidad y en las redes sociales de los proyectos de altcoins se ha vuelto crucial para tomar decisiones de inversión bien informadas. No se puede subestimar el poder del efecto de red en el espacio de las criptomonedas, ya que el apoyo y la participación de la comunidad desempeñan un papel importante a la hora de determinar el éxito de los proyectos. Esta sección explora la importancia de la presencia de la comunidad y las redes sociales en la inversión en altcoins, examinando el impacto de un fuerte efecto de red en el éxito del proyecto.

En el ámbito de las altcoins, la comunidad abarca un grupo de entusiastas, inversores, desarrolladores y usuarios que apoyan un proyecto de criptomoneda en particular. La fuerza y el tamaño de la comunidad de un proyecto pueden influir profundamente en su adopción, el sentimiento del mercado y el éxito general. Una comunidad vibrante y comprometida fomenta un ambiente positivo para que el proyecto prospere.

El efecto de red es un concepto poderoso en el espacio de las criptomonedas. A medida que más personas y entidades se unen a la comunidad de un proyecto, aumenta el valor y la utilidad de la altcoin. El efecto de red conduce a un circuito de retroalimentación positiva, que atrae a más usuarios y partes interesadas, lo que, a su vez, mejora aún más el valor del proyecto. Una comunidad en crecimiento atrae la atención e infunde confianza en los inversores potenciales, ya que refleja un interés y una adopción cada vez mayores.

El nivel de participación de la comunidad a menudo se correlaciona con el progreso del desarrollo de un proyecto. Es más probable que una comunidad comprometida contribuya activamente al desarrollo del proyecto, fomentando la innovación y abordando los desafíos de manera efectiva. A medida que la comunidad proporciona comentarios y sugerencias, los equipos de proyecto pueden perfeccionar sus ofertas para satisfacer mejor las necesidades de los usuarios.

Las plataformas de redes sociales se han convertido en centros centrales para la comunicación y el intercambio de información en el espacio de las criptomonedas. Los equipos de proyecto, personas influyentes y miembros de la comunidad participan activamente en plataformas como Twitter, Reddit, Telegram y Discord. Las redes sociales son fundamentales para moldear el sentimiento del mercado e influir en las decisiones de inversión.

La comunicación regular y transparente en las plataformas de redes sociales es señal de un proyecto confiable y bien gestionado. Los inversores buscan actualizaciones consistentes del proyecto, hitos de desarrollo y respuestas a los comentarios de la comunidad, ya que estos factores reflejan el compromiso del equipo para cumplir sus promesas. La comunicación transparente fomenta la confianza y demuestra la dedicación del equipo para lograr sus objetivos.

Monitorear la interacción y el sentimiento de la comunidad en las redes sociales proporciona información valiosa sobre cómo la comunidad percibe el proyecto. El sentimiento positivo y el compromiso activo pueden indicar una comunidad fuerte y solidaria, lo que contribuye al potencial de éxito del proyecto. Por el contrario, un sentimiento negativo o una falta de compromiso pueden generar preocupaciones sobre la viabilidad del proyecto y su capacidad para mantener el interés de la comunidad.

La accesibilidad y la voluntad de un equipo de proyecto para interactuar con la comunidad pueden fomentar la confianza. Los equipos que interactúan activamente con su comunidad demuestran un compromiso con la transparencia y el desarrollo centrado en el usuario. La interacción con la comunidad permite al equipo abordar rápidamente preguntas, inquietudes y comentarios, fomentando un sentido de asociación con sus seguidores.

Los programas de incentivos, como lanzamientos aéreos y recompensas de apuestas, pueden atraer y retener a los miembros de la comunidad. Estas iniciativas fomentan la participación activa y fomentan un sentido de propiedad dentro de la comunidad. Los incentivos y recompensas alinean los intereses de la comunidad con el éxito del proyecto, promoviendo un ecosistema colaborativo.

Los proyectos que permiten a los miembros de la comunidad participar en la toma de decisiones a través de mecanismos de gobernanza tienen más probabilidades de cultivar una comunidad dedicada e involucrada. La gobernanza comunitaria permite a las partes interesadas dar forma a la dirección futura del proyecto y les da voz en las decisiones clave. Este sentido de propiedad mejora la lealtad de la comunidad y fomenta un compromiso más profundo con el éxito del proyecto.

Para atraer inversores, algunos proyectos de altcoins pueden utilizar tácticas artificialmente para inflar las métricas de su comunidad. Los inversores deben verificar la autenticidad del tamaño de la comunidad y los niveles de participación. La autenticidad en las métricas de la comunidad es crucial para evaluar con precisión la popularidad y el potencial del proyecto.

La presencia de un proyecto en las redes sociales dominada por exageraciones y discusiones especulativas sin avances sustanciales o desarrollo técnico debería generar cautela entre los inversores. Depender únicamente de las exageraciones puede generar dificultades en la inversión, ya que es posible que los proyectos no cumplan sus promesas o no estén a la altura de expectativas exageradas.

Los proyectos con falta de transparencia y capacidad de respuesta limitada a las consultas e inquietudes de la comunidad pueden indicar posibles problemas de comunicación dentro del equipo o una falta de compromiso con las necesidades de la comunidad. La transparencia y la capacidad de respuesta son vitales para establecer confianza entre el equipo del proyecto y su comunidad.

Los inversores deben realizar una investigación exhaustiva sobre los proyectos de altcoins, incluido el análisis de la presencia en las redes sociales y la participación de la comunidad. Depender de múltiples fuentes de información y datos cruzados puede conducir a decisiones de inversión bien informadas. Una investigación en profundidad permite a los inversores evaluar el potencial del proyecto y alinearlo con sus estrategias de inversión.

Los inversores deben estar atentos a la hora de identificar una participación comunitaria genuina a partir de actividades impulsadas por robots. Los bots pueden inflar las métricas de la comunidad, pero no contribuyen al éxito a largo plazo del proyecto. Distinguir entre miembros genuinos de la comunidad y bots ayuda a los inversores a evaluar el apoyo real de la comunidad al proyecto.

Analizar la trayectoria del sentimiento de la comunidad a lo largo del tiempo puede ofrecer información valiosa sobre el progreso de un proyecto y el éxito de los esfuerzos de desarrollo y comunicación del equipo. El seguimiento de las tendencias del sentimiento ayuda a los inversores a identificar posibles cambios en el sentimiento de la comunidad que pueden afectar la trayectoria del proyecto.

El miedo a perderse algo (FOMO) y el miedo, la incertidumbre y la duda (FUD) son impulsores emocionales que pueden influir en los precios de las altcoins. El sentimiento positivo en las redes sociales y el entusiasmo de la comunidad pueden desencadenar FOMO, lo que genera aumentos de precios, mientras que el sentimiento negativo puede resultar en FUD, lo que lleva a caídas de precios. Los inversores deben ser conscientes de estos factores psicológicos y ser objetivos en su análisis.

El análisis del sentimiento de las redes sociales y los debates comunitarios puede proporcionar información sobre el sentimiento del mercado y las tendencias potenciales. Los inversores pueden utilizar esta información junto con el análisis técnico para tomar decisiones comerciales. Comprender el sentimiento del mercado puede ser valioso para navegar en el volátil mercado de altcoins.

Tomar decisiones informadas en el mundo altamente competitivo y en constante cambio de la inversión en criptomonedas requiere un análisis exhaustivo de la comunidad y la presencia en las redes sociales. El efecto de red es un factor clave para determinar el éxito de los proyectos de criptomonedas, y una comunidad vibrante y activa puede aumentar el valor y la utilidad de una altcoin. Al comprender los factores que influyen en la participación de la comunidad y evaluar la autenticidad de la presencia en las redes sociales, los inversores pueden navegar por el mercado de altcoins con mayor confianza y capitalizar las oportunidades potenciales que ofrece el efecto de red.

A medida que evoluciona el panorama de las criptomonedas, el análisis de la comunidad y las redes sociales seguirán siendo herramientas integrales para los inversores que buscan maximizar sus retornos y participar en el crecimiento de proyectos prometedores de altcoins. Un enfoque exigente para el análisis comunitario y la investigación integral permitirá a los inversores identificar proyectos con potencial genuino y construir una estrategia de inversión en altcoins integral. En un mercado que cambia rápidamente, no se puede subestimar el poder de la comunidad y la presencia en las redes sociales, ya que son indicadores esenciales de la viabilidad a largo plazo y el potencial de éxito de un proyecto.

CAPÍTULO IV

Factores que afectan los precios de Altcoin

Sentimiento del mercado y especulación

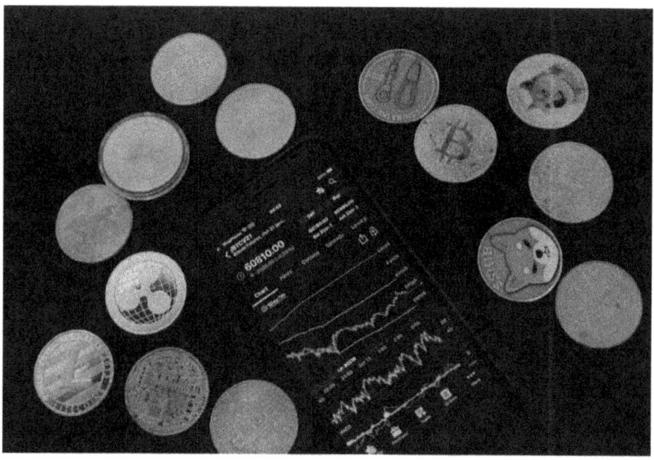

El mercado de altcoins es un espacio dinámico y en rápida evolución, caracterizado por una alta volatilidad y fervor especulativo. Si bien numerosos factores influyen en los precios de las altcoins, el sentimiento del mercado y la especulación desempeñan un papel fundamental en la configuración de los movimientos de precios de estos activos digitales. El sentimiento del mercado es la actitud y emoción general de los participantes del mercado hacia un activo particular o hacia el mercado en su conjunto. En el contexto de las altcoins, el sentimiento del mercado abarca las percepciones, la confianza y las expectativas de los inversores con respecto a los movimientos futuros de los precios de criptomonedas específicas.

Emociones como el miedo, la codicia y la euforia suelen impulsar el sentimiento del mercado. Estas respuestas emocionales pueden conducir a una toma de decisiones irracional y crear volatilidad en los precios de las altcoins. Además, la mentalidad de rebaño, en la que los inversores siguen a la multitud sin realizar una investigación exhaustiva, puede exacerbar las oscilaciones de precios. El sentimiento positivo del mercado puede provocar un aumento en la demanda de altcoins, lo que impulsará precios más altos. Por el contrario, el sentimiento negativo puede desencadenar presión de venta y provocar caídas de precios. Comprender el sentimiento del mercado es esencial para los comerciantes e inversores, ya que influye en los movimientos de precios a corto plazo.

La especulación implica comprar y mantener activos para beneficiarse de futuros cambios de precios. En el mercado de altcoins, prevalece la especulación, impulsada por la promesa de ganancias rápidas y sustanciales. Los altos volúmenes de negociación en los mercados de altcoins a menudo indican una mayor actividad especulativa. Los especuladores negocian activamente con los movimientos de precios a corto plazo para beneficiarse de la volatilidad de los precios. Las noticias y anuncios relacionados con proyectos de altcoins pueden desencadenar compras o ventas especulativas. Las noticias positivas, como asociaciones o avances tecnológicos, pueden provocar especulación y hacer subir los precios. Por el contrario, las noticias negativas pueden provocar una liquidación.

La cobertura de los medios influye significativamente en los precios de las altcoins. Las noticias positivas, el respaldo de figuras influyentes y la atención de los principales medios de comunicación pueden generar entusiasmo en torno a altcoins específicas, lo que genera aumentos de precios impulsados por una mayor demanda. Reddit, Twitter y Telegram son sólo algunos ejemplos de plataformas de redes sociales que son esenciales para difundir noticias e influir en el sentimiento del mercado. Los proyectos de altcoins con un gran número de seguidores en las redes sociales pueden experimentar un mayor interés y especulación. Sin embargo, las redes sociales también abren la puerta a esquemas de bombeo y descarga, en los que actores maliciosos inflan artificialmente el precio de una altcoin mediante compras coordinadas, solo para venderla con ganancias, dejando a los inversionistas desprevenidos con pérdidas.

La psicología de los inversores de altcoins juega un papel importante en las fluctuaciones de precios. El miedo a perderse algo (FOMO) impulsa a los inversores a comprar una altcoin durante períodos de rápida apreciación de los precios. La aversión a las pérdidas hace que los inversores sientan más el dolor de las pérdidas que el placer de las ganancias, lo que genera pánico en las ventas durante las caídas de precios. El sesgo de confirmación hace que los inversores busquen información que respalde sus creencias o decisiones de inversión existentes, lo que potencialmente nubla su juicio.

Los inversores tienen diferentes estrategias: algunos adoptan enfoques de inversión a largo plazo basados en análisis fundamentales, mientras que otros se involucran en operaciones especulativas a corto plazo, buscando beneficiarse de las oscilaciones de precios. Los especuladores suelen emplear análisis técnicos para pronosticar movimientos futuros de precios utilizando datos comerciales históricos y patrones gráficos.

La evolución regulatoria y la incertidumbre pueden influir significativamente en los precios de las altcoins. Las noticias regulatorias positivas pueden impulsar la confianza y atraer inversionistas institucionales, mientras que las regulaciones adversas pueden afectar el sentimiento del mercado. Los comerciantes especulativos pueden reaccionar rápidamente a las noticias regulatorias, lo que genera rápidas fluctuaciones de precios. El impacto de los avances regulatorios en los precios de las altcoins resalta la importancia de mantenerse informado sobre los cambios legales y regulatorios.

En conclusión, el sentimiento del mercado y la especulación son fuerzas poderosas en el mercado de altcoins, que influyen en los movimientos de precios y moldean el comportamiento de los inversores. Los factores emocionales y el fervor especulativo pueden provocar una mayor volatilidad de los precios, creando oportunidades y riesgos para los inversores. Al comprender el impacto del sentimiento del mercado, la especulación y los sesgos psicológicos en los precios de las altcoins, los inversores pueden tomar decisiones más informadas y navegar por el mercado con más confianza.

Los inversores deben seguir siendo cautelosos ante las compras impulsadas por FOMO, los esquemas de bombeo y descarga y las burbujas especulativas. Realizar una investigación exhaustiva, considerar el análisis fundamental y practicar la gestión de riesgos son componentes esenciales de una estrategia de inversión en altcoins bien informada. A medida que evoluciona el mercado de las criptomonedas, seguir el sentimiento del mercado, la evolución regulatoria y la actividad especulativa seguirá siendo fundamental para medir la trayectoria de los precios de las altcoins y tomar decisiones de inversión prudentes.

Al reconocer el papel del sentimiento del mercado y la especulación como factores clave que afectan los precios de las altcoins, los inversores pueden navegar mejor por las complejidades del mercado de las altcoins e identificar oportunidades de crecimiento a largo plazo y apreciación del valor. Al igual que con cualquier inversión, mantenerse informado, adoptar un enfoque racional y mantener una perspectiva a largo plazo son elementos esenciales para navegar con éxito en el panorama de las altcoins y aprovechar su potencial de crecimiento financiero e innovación.

Desarrollos y actualizaciones tecnológicas

En el vertiginoso mundo de las criptomonedas, los desarrollos y actualizaciones tecnológicos sirven como impulsores clave de la innovación y el progreso. Las altcoins, la diversa gama de criptomonedas fuera de Bitcoin, se esfuerzan constantemente por mejorar su tecnología subyacente, escalabilidad, seguridad y utilidad. Esta sección profundiza en la importancia de los desarrollos y actualizaciones tecnológicos como factores críticos que influyen en los precios de las altcoins. Al comprender el impacto de los avances en la tecnología blockchain e implementar características innovadoras, los inversores pueden tomar decisiones informadas en el mercado de altcoins en constante evolución.

Como pioneros más allá del ámbito de Bitcoin, las altcoins amplían continuamente los límites de la tecnología blockchain. Buscan abordar las limitaciones presentes en la criptomoneda original y mejorar varios aspectos de las redes descentralizadas. Los avances tecnológicos desempeñan un papel fundamental a la hora de hacer realidad el verdadero potencial de las altcoins.

Mejorar la escalabilidad y la velocidad de las transacciones es uno de los desafíos más importantes en el espacio de las criptomonedas. Las actualizaciones tecnológicas diseñadas para mejorar la escalabilidad y la velocidad de las transacciones mejoran la experiencia del usuario y atraen a más participantes al ecosistema de altcoins.

La seguridad y la privacidad son primordiales en el mundo de las criptomonedas. Las altcoins a menudo se someten a mejoras técnicas para fortalecer las medidas de seguridad, proteger contra posibles ataques y brindar a los usuarios funciones de privacidad mejoradas.

Las actualizaciones tecnológicas pueden afectar significativamente la confianza y el sentimiento de los inversores. Las actualizaciones positivas que mejoran la funcionalidad, la seguridad y la experiencia del usuario de la altcoin a menudo aumentan el interés y la confianza de los inversores, lo que impulsa los precios más altos.

La cobertura de los medios influye significativamente en los precios de las altcoins. La cobertura positiva de los medios y el respaldo de figuras influyentes pueden generar entusiasmo en torno a la altcoin, lo que lleva a una mayor demanda y una posterior apreciación de los precios.

La tecnología mejorada puede impulsar una mayor adopción y utilidad de la red, haciendo que la altcoin sea más atractiva para los usuarios y las empresas. A medida que crece la utilidad de la altcoin, también crece su valor, lo que resulta en movimientos positivos de precios.

Como alternativas al mecanismo de consenso de prueba de trabajo (PoW) que consume mucha energía, las altcoins exploran modelos de consenso alternativos para abordar la escalabilidad y la eficiencia energética. La prueba de participación (PoS) y la prueba de participación delegada (DPoS) son ejemplos de alternativas más eficientes energéticamente.

Los mecanismos de consenso de Tolerancia a fallos bizantinos (BFT) priorizan la velocidad y la seguridad, ofreciendo confirmaciones de transacciones más rápidas y protección contra ataques maliciosos. Esto puede atraer tanto a inversores como a usuarios, lo que repercutirá en el precio de la altcoin.

Los contratos inteligentes permiten transacciones programables, lo que permite a los desarrolladores crear aplicaciones descentralizadas (DApps) en blockchain. Las altcoins con sólidas capacidades de contratos inteligentes pueden atraer desarrolladores y empresas, impulsando la adopción y el precio. Ethereum, una altcoin líder, es reconocida por sus capacidades de contratos inteligentes. Otras altcoins, como Cardano y EOS, pretenden competir ofreciendo plataformas más eficientes y escalables para DApps, lo que genera fluctuaciones de precios a medida que ganan terreno.

Las soluciones de interoperabilidad permiten que diferentes redes blockchain se comuniquen y compartan datos sin problemas. Las altcoins que se centran en la interoperabilidad pueden superar el problema de las cadenas de bloques aisladas, aumentando su propuesta de valor y su potencial de adopción. Los proyectos que implementen con éxito soluciones de interoperabilidad pueden experimentar aumentos de precios a medida que se vuelvan más relevantes en un ecosistema de múltiples cadenas.

Las altcoins centradas en la privacidad, como Monero y Zcash, ofrecen mayor privacidad y confidencialidad a los usuarios. Estas características pueden atraer a personas y empresas preocupadas por la privacidad, lo que influye en los movimientos de precios.

Las altcoins que implementan mecanismos de gobernanza descentralizados, que permiten a la comunidad votar propuestas y decisiones, pueden fomentar un sentido de propiedad e inclusión. Los proyectos impulsados por la comunidad a menudo obtienen un mayor apoyo y participación, lo que afecta positivamente los precios.

En conclusión, los desarrollos y actualizaciones tecnológicos continúan impulsando la innovación y el progreso en el mercado de altcoins. A medida que evoluciona la tecnología blockchain, es probable que las altcoins que implementen con éxito avances en escalabilidad, seguridad, privacidad y utilidad atraigan un mayor interés, adopción y apreciación de precios. A medida que los inversores navegan por el panorama en constante cambio de las altcoins, un gran enfoque en los desarrollos tecnológicos sigue siendo fundamental para identificar proyectos prometedores y participar en el crecimiento de la revolución blockchain.

Noticias regulatorias y políticas gubernamentales

En el mundo de las criptomonedas, las noticias regulatorias y las políticas gubernamentales ejercen una influencia significativa en los precios de las altcoins. Los gobiernos y agencias reguladoras de todo el mundo están intentando abordar los problemas que presentan los activos digitales a medida que la industria de las criptomonedas continúa desarrollándose. Esta sección explora el profundo impacto de las noticias regulatorias y las políticas gubernamentales como factores críticos que afectan los precios de las altcoins. Comprender cómo los desarrollos regulatorios dan forma al sentimiento del mercado e influyen en el comportamiento de los inversores es crucial para navegar en el dinámico mercado de altcoins.

El panorama regulatorio de las altcoins está en constante evolución. Los gobiernos de todo el mundo están intentando crear marcos exhaustivos para manejar los desafíos específicos que plantean los activos digitales. Los distintos países han adoptado distintos enfoques, que van desde el apoyo y la adaptación hasta los rigurosos y restrictivos. La diversidad de posturas regulatorias agrega complejidad al mercado de altcoins, lo que podría afectar los precios según las regulaciones regionales.

La incertidumbre regulatoria puede crear volatilidad en el mercado de altcoins. Los inversores y participantes del mercado pueden responder con cautela a los cambios regulatorios pendientes, lo que provocará fluctuaciones de precios mientras evalúan el impacto potencial en el uso y adopción de altcoins. La falta de claridad sobre el futuro entorno regulatorio puede generar dudas en las decisiones de inversión, lo que afectará los precios de las altcoins en el corto plazo.

Además, la falta de coordinación global en la regulación de las criptomonedas puede crear desafíos para las transacciones y el cumplimiento transfronterizos. Los enfoques regulatorios inconsistentes en diferentes jurisdicciones pueden afectar los precios de las altcoins a medida que los inversores navegan por el panorama regulatorio. Como las altcoins suelen tener bases de usuarios globales, las acciones regulatorias en un país pueden tener un efecto dominó en el sentimiento del mercado en todo el mundo.

Las noticias regulatorias positivas, como el reconocimiento de las criptomonedas como moneda de curso legal o la implementación de regulaciones de apoyo, pueden infundir confianza en el mercado. Estas noticias pueden generar un mayor interés de los inversores, lo que eleva los precios de las altcoins. Cuando los gobiernos y los organismos reguladores demuestran una postura positiva y de apoyo hacia las criptomonedas, envían una señal de legitimidad a la comunidad financiera en general.

Por el contrario, las noticias regulatorias negativas, como prohibiciones de actividades con criptomonedas o regulaciones estrictas, pueden generar incertidumbre y miedo entre los inversores. El sentimiento del mercado puede volverse bajista, lo que provocará ventas masivas y caídas de precios. El temor a mayores restricciones o prohibiciones sobre el comercio y el uso de altcoins puede resultar en una disminución de la demanda y cautela de los inversores.

No se puede subestimar el impacto de las declaraciones y anuncios gubernamentales en el mercado de las criptomonedas. El mercado sigue de cerca cualquier comunicación de funcionarios gubernamentales sobre su postura sobre las criptomonedas. La claridad y coherencia en la comunicación gubernamental son vitales para mantener la estabilidad en el mercado de altcoins.

Las políticas fiscales gubernamentales sobre las transacciones de criptomonedas pueden afectar los precios de las altcoins. Las altas tasas impositivas pueden desalentar el comercio y la inversión, lo que lleva a una reducción de la demanda y una depreciación de los precios. Por otro lado, los incentivos fiscales para el uso y la inversión en criptomonedas pueden estimular la demanda, impactando positivamente los precios de las altcoins.

Las regulaciones contra el lavado de dinero (AML) y Conozca a su cliente (KYC) son fundamentales para dar forma al mercado de altcoins. Los requisitos de cumplimiento más estrictos pueden limitar el uso de altcoins, afectando la demanda y los movimientos de precios. Por el contrario, las regulaciones que equilibran la seguridad y la facilidad de uso pueden fomentar una mayor adopción, lo que podría conducir a una apreciación de los precios.

Las políticas gubernamentales con respecto a los controles de capital y las regulaciones cambiarias pueden afectar la liquidez y los volúmenes de comercio de altcoins. Las restricciones al flujo de capital pueden limitar las oportunidades de inversión, lo que influye en los precios de las altcoins. Además, las regulaciones cambiarias pueden afectar la facilidad de acceso a los mercados de altcoins, afectando el comportamiento de los inversores y los movimientos de precios.

El aumento de las monedas digitales respaldadas por el gobierno, a menudo denominadas monedas digitales del banco central (CBDC), puede tener implicaciones para los precios de las altcoins. La adopción de CBDC puede afectar los casos de uso y la demanda de altcoins. Si las CBDC ofrecen características y funcionalidades similares a ciertas altcoins, pueden presentar competencia para estas altcoins, lo que podría conducir a una depreciación de los precios.

Por otro lado, las CBDC pueden coexistir con ciertas altcoins, sirviendo a diferentes casos de uso y datos demográficos de los usuarios. Si los gobiernos utilizan las CBDC para transacciones mayoristas o liquidaciones internacionales, mientras que las altcoins siguen siendo populares para pagos minoristas y transfronterizos, tanto las CBDC como las altcoins pueden prosperar al mismo tiempo.

Las prohibiciones de criptomonedas implementadas por ciertos países pueden generar una volatilidad significativa de los precios. Las altcoins pueden experimentar rápidas fluctuaciones de precios a medida que los inversores reaccionan ante la posible reducción del acceso al mercado. Las prohibiciones pueden crear una sensación de incertidumbre y miedo en el mercado, lo que lleva a los inversores a reevaluar sus posiciones y potencialmente conduce a caídas de precios.

Sin embargo, vale la pena señalar que no todas las prohibiciones de criptomonedas tienen un impacto negativo en los precios de las altcoins. En algunos casos, las prohibiciones pueden conducir al surgimiento de mercados alternativos y plataformas comerciales en otras jurisdicciones, lo que permitirá a los inversores continuar comercializando altcoins a pesar de las restricciones en ciertos países.

El sentimiento de los inversores y el comportamiento especulativo desempeñan un papel importante en la respuesta a las noticias regulatorias y las políticas gubernamentales. Los avances regulatorios positivos pueden impulsar el sentimiento y la confianza del mercado, lo que conducirá a una mayor inversión y demanda de altcoins. Por el contrario, las noticias negativas pueden crear incertidumbre y frenar el entusiasmo del mercado, lo que resulta en caídas de precios.

Las reacciones especulativas a las noticias regulatorias también pueden influir en los precios de las altcoins. Los inversores pueden especular sobre posibles novedades regulatorias y ajustar sus posiciones en consecuencia. La compra o venta especulativa puede provocar oscilaciones de precios cuando los inversores intentan predecir los resultados regulatorios.

La naturaleza global de los mercados de altcoins requiere conocimiento de los avances regulatorios en múltiples jurisdicciones. Las noticias y políticas regulatorias en un país pueden tener un efecto dominó en los precios de las altcoins en otros países. Los mercados de altcoins están interconectados y operan las 24 horas del día, los 7 días de la semana, lo que significa que las acciones regulatorias en una parte del mundo pueden afectar los precios de las altcoins en todo el mundo.

Además, los diferentes entornos regulatorios en distintos países pueden crear oportunidades de arbitraje para los inversores. Las disparidades de precios entre regiones pueden incentivar el comercio transfronterizo y las estrategias de arbitraje, lo que conduciría a una convergencia de precios en el largo plazo.

En conclusión, las noticias regulatorias y las políticas gubernamentales son factores críticos que los inversores deben monitorear de cerca en el mercado de altcoins. A medida que los gobiernos y los organismos reguladores se adaptan al panorama de las criptomonedas en rápida evolución, no se puede pasar por alto el impacto de sus decisiones en los precios de las altcoins. Mantenerse informado sobre los avances regulatorios, comprender sus implicaciones y analizar el sentimiento del mercado es crucial para tomar decisiones informadas en las inversiones en altcoins. Al permanecer atentos y bien informados, los inversores pueden navegar por las complejidades del mercado de altcoins y aprovechar su potencial de crecimiento financiero e innovación.

CAPÍTULO V

Estrategias de inversión para Altcoins y ICO

Gestión de Riesgos y Diversificación

Invertir en altcoins y participar en Ofertas Iniciales de Monedas (ICO) puede ser un viaje emocionante en el mundo de las criptomonedas. Sin embargo, la naturaleza volátil y naciente de este mercado conlleva riesgos inherentes. A medida que los inversores buscan oportunidades de crecimiento e innovación, la gestión de riesgos y la diversificación emergen como estrategias de inversión cruciales para navegar en el panorama de las altcoins y las ICO. Esta sección explora la importancia de la gestión de riesgos y la diversificación, destacando su papel en la mitigación de riesgos, la mejora de la estabilidad de la cartera y la optimización de los rendimientos en el mercado de altcoins en constante cambio.

Los mercados de altcoins y ICO se caracterizan por una importante volatilidad de precios. Los precios de las altcoins pueden experimentar rápidas fluctuaciones, impulsadas por el sentimiento del mercado, noticias regulatorias, desarrollos tecnológicos y otros factores. Esta volatilidad puede resultar en ganancias sustanciales o pérdidas pronunciadas para los inversores.

La incertidumbre regulatoria y los cambios en las políticas gubernamentales pueden afectar las inversiones en altcoins y ICO. Los desarrollos regulatorios adversos pueden dar lugar a restricciones, prohibiciones o mayores requisitos de cumplimiento, lo que afectará el sentimiento del mercado y el valor de las altcoins.

Las altcoins y las ICO a menudo se basan en tecnologías emergentes, que pueden conllevar riesgos inherentes. Las vulnerabilidades de seguridad, las fallas de código o los problemas operativos pueden provocar incidentes de piratería informática o fallas en los proyectos, lo que genera importantes pérdidas financieras para los inversores.

Algunas altcoins y tokens ICO pueden tener baja liquidez de mercado, lo que dificulta la ejecución de operaciones a los precios deseados. La baja liquidez puede exacerbar la volatilidad de los precios y generar dificultades para entrar o salir de posiciones.

Una investigación exhaustiva es la base de una gestión de riesgos eficaz. Los inversores deben estudiar exhaustivamente los proyectos de altcoins, los documentos técnicos de ICO, los antecedentes del equipo, las innovaciones tecnológicas y los posibles casos de uso.

Los inversores pueden tomar decisiones informadas y reducir el riesgo de invertir en proyectos con poca sustancia al comprender los fundamentos y evaluar la viabilidad del proyecto.

Definir objetivos de inversión claros y niveles de tolerancia al riesgo es vital. Los inversores deben determinar su horizonte temporal, los rendimientos objetivo y el nivel máximo aceptable de riesgo. Al alinear las inversiones con su tolerancia al riesgo, los inversores pueden evitar decisiones impulsivas impulsadas por las fluctuaciones del mercado a corto plazo.

La diversificación es una estrategia fundamental de gestión de riesgos. Distribuir las inversiones entre múltiples altcoins y ICO puede reducir la exposición a los riesgos de proyectos individuales. Una cartera diversificada permite a los inversores capturar ganancias potenciales de varios proyectos y al mismo tiempo mitiga las pérdidas si alguna inversión en particular tiene un rendimiento inferior.

El tamaño adecuado de la posición implica asignar una porción adecuada de la cartera a cada inversión en altcoin o ICO. Los inversores deberían evitar asignar un porcentaje demasiado significativo de su capital a una sola inversión, ya que esto podría conducir a una exposición desproporcionada al riesgo.

Los inversores pueden pensar en diversificarse en varias clases de activos además de la diversificación dentro de la industria de las altcoins y las ICO. Equilibrar las tenencias de criptomonedas con activos tradicionales, como acciones, bonos o materias primas, puede ayudar a gestionar el riesgo general de la cartera.

La diversificación geográfica implica invertir en altcoins y ICO de diferentes países o regiones. Las diferentes jurisdicciones pueden tener distintos entornos regulatorios y condiciones de mercado, y la diversificación puede mitigar el impacto de los riesgos específicos de cada región.

Los documentos técnicos de las ICO son fuentes esenciales de información para los inversores. Evaluar los objetivos del proyecto, las innovaciones tecnológicas, los casos de uso, la tokenómica y la hoja de ruta puede ayudar a identificar proyectos con gran potencial y aquellos que carecen de sustancia.

El equipo detrás de una ICO juega un papel fundamental en su éxito. Los inversores deben realizar la debida diligencia sobre los antecedentes, las calificaciones y los logros pasados de los miembros del equipo para evaluar la probabilidad de éxito del proyecto.

La fuerza y el compromiso de la comunidad de una ICO pueden reflejar el sentimiento del mercado y la demanda potencial del proyecto. El seguimiento de las plataformas de redes sociales y los foros comunitarios puede proporcionar información sobre la popularidad del proyecto y la confianza de los inversores.

Las órdenes de limitación de pérdidas son órdenes de venta automáticas que se activan cuando el precio de una altcoin alcanza un nivel predeterminado. Esta herramienta de gestión de riesgos ayuda a limitar pérdidas potenciales en condiciones de mercado volátiles.

Evaluar la relación riesgo-recompensa antes de iniciar una operación es esencial. Los inversores deben analizar las ganancias potenciales frente a las pérdidas potenciales para determinar si la operación se alinea con su tolerancia al riesgo y sus objetivos de inversión.

Los prejuicios emocionales, como el miedo a perderse algo (FOMO) o el miedo a perder (FOL), pueden llevar a decisiones impulsivas. Practicar la disciplina emocional y adherirse a una estrategia de inversión bien pensada puede ayudar a los inversores a tomar decisiones racionales, reduciendo el impacto del sesgo emocional en los resultados de la inversión.

En conclusión, la gestión de riesgos y la diversificación sirven como pilares indispensables de una estrategia de inversión bien estructurada en el mercado de altcoins y ICO. A medida que los inversores navegan por el panorama dinámico de las criptomonedas, deben permanecer atentos, adaptables y comprometidos con prácticas prudentes de gestión de riesgos para optimizar los rendimientos y tomar decisiones informadas en este mercado transformador y de ritmo rápido.

Enfoques de inversión a largo plazo versus a corto plazo

En el dinámico mundo de las criptomonedas, las altcoins y las ofertas iniciales de monedas (ICO) presentan atractivas oportunidades de inversión. Los inversores deben elegir entre un enfoque de inversión a largo o corto plazo mientras buscan beneficiarse del crecimiento potencial y la innovación en este sector. Cada estrategia conlleva sus beneficios y desafíos, y comprender los matices de la inversión a corto y largo plazo se vuelve fundamental para las inversiones exitosas en altcoins y ICO. En esta sección, profundizamos en la importancia de los enfoques de inversión a largo y corto plazo, analizando sus respectivos méritos, riesgos y cómo se alinean con la naturaleza única de las altcoins y las ICO.

La inversión a largo plazo, también conocida como "HODLing" en la comunidad de las criptomonedas, implica la compra de activos con la intención de conservarlos durante un período prolongado. En el contexto de las altcoins y las ICO, los inversores a largo plazo suelen mantener sus posiciones durante varios meses o años. La estrategia se basa en la creencia de que los proyectos bien investigados con fundamentos sólidos se apreciarán con el tiempo y generarán retornos significativos.

Por otro lado, la inversión a corto plazo se refiere a un enfoque más activo en el que los inversores pretenden capitalizar los movimientos de precios a corto plazo. Los inversores a corto plazo pueden mantener activos durante días, horas o incluso minutos para beneficiarse de las rápidas fluctuaciones de precios. Esta estrategia requiere una toma de decisiones rápida y puede implicar análisis técnico, análisis del sentimiento del mercado y operaciones basadas en tendencias a corto plazo.

La inversión a largo plazo permite a los inversores capitalizar el potencial de crecimiento de las altcoins y las ICO. A medida que el mercado de las criptomonedas madura, los proyectos con fundamentos sólidos y casos de uso del mundo real tienen el potencial de apreciarse significativamente con el tiempo. Al mantener posiciones durante períodos prolongados, los inversores a largo plazo pueden aprovechar las olas de los ciclos del mercado y potencialmente beneficiarse de una apreciación sustancial de los precios.

Los mercados de altcoins y ICO son muy volátiles en el corto plazo, lo que dificulta predecir los movimientos de precios con precisión. Varios factores, incluido el sentimiento del mercado, las noticias regulatorias y los desarrollos tecnológicos, pueden influir en las fluctuaciones de precios a corto plazo. Los inversores a largo plazo, al adoptar un enfoque más paciente, pueden capear mejor los altibajos del mercado, reduciendo potencialmente el impacto de la volatilidad a corto plazo en sus carteras de inversión.

El sesgo emocional es un desafío común en el mercado de las criptomonedas, particularmente en tiempos de alta volatilidad. Los inversores a corto plazo pueden ser más susceptibles al comercio emocional y tomar decisiones impulsivas impulsadas por movimientos de precios a corto plazo. Los inversores a largo plazo , por otro lado, están menos influenciados por las fluctuaciones a corto plazo y es más probable que se adhieran a su tesis de inversión y se mantengan comprometidos con sus objetivos a largo plazo.

Si bien la inversión a largo plazo ofrece potencial de crecimiento, también expone a los inversores al riesgo de invertir en proyectos que pueden no cumplir sus promesas. No todos los proyectos tendrán éxito en el dinámico mundo de las criptomonedas, y algunos pueden encontrar desafíos tecnológicos u operativos que los lleven al fracaso. Una inversión a largo plazo en un proyecto que finalmente colapsa puede resultar en pérdidas significativas para el inversor.

Los inversores a largo plazo pueden perderse picos de precios a corto plazo y oportunidades comerciales que podrían haber dado lugar a ganancias más rápidas. Si bien la inversión a largo plazo se centra en el potencial de crecimiento general de los proyectos, los movimientos de precios a corto plazo pueden presentar oportunidades lucrativas para obtener ganancias rápidas. Desaprovechar estas oportunidades puede conducir a un menor retorno de la inversión general.

Los mercados de altcoins y ICO son conocidos por su volatilidad de precios a corto plazo, lo que brinda oportunidades para que los inversores a corto plazo se beneficien de las fluctuaciones de precios. Los inversores a corto plazo pueden aprovechar las tendencias a corto plazo y realizar operaciones rápidas para capitalizar el sentimiento del mercado y los movimientos de precios.

La inversión a corto plazo permite a los inversores adaptarse rápidamente a las condiciones cambiantes del mercado. El mercado de las criptomonedas es muy dinámico y está influenciado por diversos factores, como noticias regulatorias, avances tecnológicos y eventos macroeconómicos. Los inversores a corto plazo pueden ajustar sus estrategias rápidamente para capitalizar oportunidades emergentes o proteger sus posiciones de posibles pérdidas.

La inversión a corto plazo implica negociación y análisis activos, lo que permite a los inversores desarrollar y perfeccionar sus habilidades comerciales. Requiere una comprensión profunda de las tendencias del mercado, herramientas de análisis técnico y la capacidad de tomar decisiones rápidas e informadas. Participar en operaciones comerciales a corto plazo puede ayudar a los inversores a desarrollar sus conocimientos y adquirir una valiosa experiencia en el mercado de las criptomonedas.

La inversión a corto plazo expone a los inversores a mayores niveles de volatilidad del mercado. Varios factores, incluido el sentimiento del mercado, las noticias y los volúmenes de negociación, pueden influir en los movimientos de precios a corto plazo. Las rápidas fluctuaciones de precios pueden generar ganancias o pérdidas significativas para los inversores a corto plazo, y su exposición a la volatilidad del mercado puede generar un mayor riesgo.

La inversión a corto plazo puede ser emocionalmente agotadora y llevar a decisiones impulsivas impulsadas por movimientos del mercado a corto plazo. El sesgo emocional puede nublar el juicio y hacer que los inversores se desvíen de sus estrategias comerciales, lo que podría generar resultados desfavorables. Para los inversores a corto plazo, mantener el control emocional es fundamental para evitar decisiones impulsadas por la codicia o el miedo.

La inversión a largo plazo se alinea bien con una evaluación exhaustiva del proyecto, ya que los inversores pueden centrarse en los fundamentos del proyecto y su potencial de crecimiento a largo plazo. Invertir en altcoins con casos de uso sólidos, equipos competentes y tecnologías innovadoras puede ser más adecuado para estrategias a largo plazo. Por otro lado, la inversión a corto plazo puede centrarse más en el análisis técnico y las tendencias de precios a corto plazo, ya que el objetivo principal es capitalizar los movimientos del mercado a corto plazo.

Tanto los inversores a largo plazo como los de corto plazo pueden beneficiarse de la diversificación, pero la asignación de activos puede diferir. Los inversores a largo plazo pueden asignar una mayor parte de su cartera a un número selecto de proyectos, mientras que los inversores a corto plazo pueden diversificarse en múltiples activos para gestionar el riesgo y capturar oportunidades comerciales a corto plazo.

En conclusión, adoptar un enfoque de inversión a corto o largo plazo para altcoins y ICO no es una opción única para todos. Los inversores deben evaluar cuidadosamente sus objetivos de inversión, tolerancia al riesgo y nivel de participación en el mercado porque cada estrategia tiene ventajas y desventajas.

La inversión a largo plazo ofrece la posibilidad de capitalizar el potencial de crecimiento y capear la volatilidad del mercado a corto plazo, mientras que la inversión a corto plazo permite a los inversores capitalizar los movimientos de precios a corto plazo y adaptarse rápidamente a las condiciones cambiantes del mercado.

Con el fin de maximizar las ganancias y tomar decisiones informadas en el mundo en constante cambio de las criptomonedas, el método debe adaptarse a las preferencias, objetivos y tolerancia al riesgo de cada persona.

Independientemente del enfoque elegido, una gestión adecuada del riesgo, la debida diligencia y mantenerse informado sobre la evolución del mercado son esenciales para el éxito en el mercado de altcoins y ICO. Equilibrar la paciencia con el oportunismo y adaptar las estrategias a las condiciones cambiantes del mercado permitirá a los inversores navegar por el dinámico mundo de las criptomonedas y tomar decisiones informadas para obtener rendimientos óptimos en este panorama en rápida evolución.

Identificación de proyectos prometedores con casos de uso del mundo real

En el dinámico mundo de las criptomonedas, las altcoins y las ofertas iniciales de monedas (ICO) ofrecen interesantes oportunidades de crecimiento e innovación. Sin embargo, los numerosos proyectos disponibles hacen que la identificación de empresas prometedoras con casos de uso del mundo real sea una estrategia de inversión crucial. El panorama de las altcoins y las ICO está plagado de proyectos especulativos y arriesgados, lo que hace que una investigación y evaluación exhaustivas sean esenciales para inversiones exitosas. Esta sección explora la importancia de identificar proyectos prometedores con casos de uso del mundo real, analizando los beneficios, desafíos y estrategias que los inversores pueden emplear para tomar decisiones informadas en el dinámico y cambiante mercado de las criptomonedas.

Los proyectos prometedores de altcoins y ICO a menudo giran en torno a la resolución de problemas y desafíos del mundo real. Los proyectos que abordan cuestiones apremiantes u ofrecen soluciones prácticas tienden a atraer más atención y adopción tanto por parte de usuarios como de inversores. Los casos de uso del mundo real proporcionan un propósito y una utilidad claros para la criptomoneda, lo que hace que sea más probable que obtenga una aceptación generalizada y un valor a largo plazo.

Una de las ventajas críticas de los casos de uso del mundo real es la capacidad de los proyectos para demostrar valor y demanda inherentes. Cuando una criptomoneda cumple una función específica o tiene un propósito práctico, puede impulsar la demanda de los usuarios que buscan sus beneficios. Un caso de uso claro valida el potencial del proyecto para su aplicación en el mundo real, aumentando sus posibilidades de éxito y adopción en el mercado.

Una investigación exhaustiva es esencial para evaluar proyectos de altcoins y ICO. Los inversores deben estudiar el documento técnico del proyecto, los antecedentes del equipo, las innovaciones tecnológicas y los posibles casos de uso. Examinar la viabilidad y la practicidad del caso de uso ayuda a los inversores a evaluar el potencial del proyecto para su adopción en el mundo real.

Es fundamental evaluar la demanda del mercado para el caso de uso propuesto. Comprender el público objetivo y el tamaño de la base de usuarios potenciales puede proporcionar información sobre la viabilidad de mercado del proyecto y las perspectivas de crecimiento futuro. Una fuerte demanda del mercado indica la capacidad del proyecto para satisfacer necesidades reales, fomentando un ecosistema de apoyo en torno a las criptomonedas.

El equipo detrás de una altcoin o ICO juega un papel importante en su éxito. Un equipo competente y experimentado con un historial de cumplimiento de promesas inspira confianza en la capacidad del proyecto para ejecutar con éxito su caso de uso en el mundo real.

Evaluar la experiencia del equipo, el conocimiento de la industria y los logros pasados es crucial para medir el potencial de éxito del proyecto.

Varias industrias y sectores han mostrado casos de uso prometedores para las criptomonedas y la tecnología blockchain:

Las finanzas descentralizadas han aparecido como uno de los sectores más prometedores en el espacio de las criptomonedas. Los proyectos DeFi ofrecen servicios financieros sin intermediarios, lo que permite a los usuarios pedir prestado, prestar e intercambiar activos sin permiso y de forma transparente. Proyectos como plataformas de préstamos descentralizadas, creadores de mercado automatizados y protocolos de cultivo de rendimiento han ganado un impulso significativo, mostrando casos de uso del mundo real en el sector financiero.

La inmutabilidad y transparencia de la tecnología Blockchain la hacen ideal para la gestión de la cadena de suministro. Los proyectos que utilizan blockchain para mejorar la trazabilidad, la autenticidad y la eficiencia en las cadenas de suministro tienen casos de uso del mundo real que abordan cuestiones como la falsificación, el seguimiento de procedencia y la gestión de inventario. Estos proyectos ofrecen soluciones para optimizar procesos complejos de la cadena de suministro y mejorar la transparencia de la industria.

Las criptomonedas y la tecnología blockchain tienen el potencial de revolucionar la atención médica y la verificación de identidad. Los proyectos que tienen como objetivo proporcionar registros médicos seguros y descentralizados, soluciones de gestión de identidad y privacidad de datos médicos son ejemplos de casos de uso prometedores en el mundo real en estos sectores. Estos proyectos pueden mejorar potencialmente la seguridad de los datos y la interoperabilidad en los sistemas de atención médica, permitiendo un intercambio de datos más eficiente y seguro.

Puede ser gratificante encontrar proyectos prometedores con aplicaciones en el mundo real; sin embargo, existen desafíos y riesgos involucrados:

El mercado de altcoins y ICO es altamente competitivo y muchos proyectos afirman ofrecer casos de uso del mundo real. Los inversores deben evaluar cuidadosamente y diferenciar entre proyectos genuinamente innovadores y aquellos con afirmaciones exageradas o no comprobadas. Realizar una debida diligencia exhaustiva y analizar la viabilidad técnica del proyecto es esencial para evitar invertir en proyectos que carecen de sustancia.

Los proyectos con casos de uso del mundo real pueden enfrentar desafíos regulatorios y complejidades legales. Los inversores deben considerar el cumplimiento del proyecto con las regulaciones pertinentes y cómo los cambios regulatorios pueden afectar su adopción y crecimiento. Navegar por el cambiante panorama regulatorio es crucial para evaluar la viabilidad a largo plazo y la situación legal del proyecto.

Los aspectos técnicos de un proyecto son cruciales para su implementación en el mundo real. Los inversores deben evaluar la hoja de ruta técnica, la escalabilidad, las medidas de seguridad y los mecanismos de consenso del proyecto para garantizar su viabilidad y practicidad. Los proyectos con bases técnicas sólidas tienen más probabilidades de resistir los desafíos del mercado y lograr el éxito a largo plazo.

La diversificación es una estrategia vital de gestión de riesgos al invertir en altcoins y ICO con casos de uso del mundo real. Distribuir las inversiones entre múltiples proyectos reduce la exposición a los riesgos de los proyectos individuales. El tamaño adecuado de la posición y el establecimiento de órdenes de limitación de pérdidas también pueden ayudar a gestionar el riesgo en un mercado volátil. La diversificación permite a los inversores capturar ganancias potenciales de diferentes proyectos y al mismo tiempo mitiga las pérdidas si alguna inversión en particular tiene un rendimiento inferior.

Identificar proyectos prometedores con casos de uso del mundo real es una estrategia de inversión crucial para altcoins y ICO. Los proyectos que abordan problemas reales, demuestran valor y demanda y presentan casos de uso prácticos tienen el potencial de obtener una adopción generalizada y ofrecer valor a largo plazo.

Los inversores deben realizar una investigación exhaustiva, evaluar la demanda del mercado y analizar el equipo detrás del proyecto. Los sectores de DeFi, gestión de la cadena de suministro, atención médica y verificación de identidad son ejemplos de industrias con casos de uso prometedores en el mundo real.

Si bien identificar proyectos prometedores puede resultar gratificante, también conlleva desafíos y riesgos. La saturación del mercado, las incertidumbres regulatorias y la viabilidad tecnológica son obstáculos potenciales que los inversores deben sortear.

La diversificación y la gestión de riesgos son vitales para optimizar la rentabilidad y proteger las inversiones. Al adoptar un enfoque prudente e informado, los inversores pueden navegar por el panorama de las altcoins y las ICO, identificar proyectos con potencial en el mundo real y posicionarse para beneficiarse del crecimiento y la innovación continuos en el mercado de las criptomonedas.

CAPÍTULO VI

Carteras y Seguridad

Tipos de billeteras criptográficas y sus características

Las criptomonedas han revolucionado el panorama financiero, ofreciendo un medio descentralizado y seguro para realizar transacciones de valor a nivel mundial. A medida que el uso de criptomonedas crece en popularidad, la necesidad de soluciones de almacenamiento confiables y fáciles de usar se vuelve primordial. Las billeteras criptográficas desempeñan un papel fundamental en la protección de los activos digitales, permitiendo a los usuarios almacenar, enviar y recibir criptomonedas de forma segura. Estas billeteras vienen en varios tipos, cada una de las cuales ofrece características y niveles de seguridad únicos para satisfacer las diversas necesidades de los usuarios. En esta sección, profundizamos en los diferentes tipos de billeteras criptográficas, exploramos sus características distintivas y enfatizamos la importancia de seleccionar la billetera adecuada según las preferencias individuales y los requisitos de seguridad.

Una billetera de criptomonedas es una aplicación de software, un dispositivo de hardware o un servicio que permite a los usuarios interactuar, almacenar y administrar sus activos digitales a través de diferentes redes blockchain. A diferencia de las billeteras tradicionales que contienen efectivo físico, las criptomonedas no almacenan las monedas reales, sino las claves privadas necesarias para acceder y administrar las criptomonedas en las respectivas cadenas de bloques. Además, estas billeteras generan direcciones públicas, que actúan como destino para recibir fondos.

En el centro de cada billetera criptográfica se encuentran las claves privadas y sus correspondientes direcciones públicas. Las claves privadas son códigos criptográficos únicos que otorgan propiedad y control sobre las criptomonedas asociadas. Deben mantenerse confidenciales y seguros, ya que cualquiera que tenga acceso a las claves privadas obtiene control sobre los fondos. Por otro lado, las direcciones públicas se derivan de claves privadas y se utilizan para recibir criptomonedas. Las direcciones públicas se pueden compartir de forma segura con otras personas para recibir pagos, donaciones o realizar transacciones.

Las billeteras activas son billeteras criptográficas que están conectadas a Internet y son de fácil acceso para transacciones rápidas. Son ideales para usuarios que requieren acceso frecuente a sus criptomonedas. Algunos tipos comunes de billeteras activas incluyen:

Cualquier dispositivo conectado a Internet puede acceder a billeteras en línea, también conocidas como billeteras web, a través de un navegador web. Los intercambios de criptomonedas o los proveedores de billeteras externos generalmente proporcionan estas billeteras. Las billeteras en línea ofrecen la ventaja de un fácil acceso, pero requieren que los usuarios confíen en las medidas de seguridad implementadas por el proveedor del servicio.

Las billeteras de escritorio son programas que se descargan y configuran en una computadora portátil o computadora. Proporcionan un nivel de seguridad más alto que las billeteras en línea, ya que las claves privadas se almacenan localmente en el dispositivo del usuario. Las billeteras de escritorio vienen en varias formas, como billeteras de nodo completo que requieren descargar toda la cadena de bloques y billeteras livianas que dependen de servidores externos para los datos de las transacciones.

Las aplicaciones creadas para teléfonos inteligentes y tabletas se denominan billeteras móviles. Debido a su portabilidad, los usuarios pueden administrar sus criptomonedas mientras viajan. Las billeteras móviles suelen ser fáciles de usar y brindan acceso rápido a los fondos, lo que las hace adecuadas para las transacciones diarias.

Las billeteras frías, por el contrario, son billeteras criptográficas que no están conectadas a Internet. Están diseñados para almacenamiento a largo plazo y ofrecen seguridad mejorada contra amenazas en línea. Los tipos comunes de billeteras frías incluyen:

Las carteras de hardware son objetos tangibles que se parecen a unidades USB u otros dispositivos electrónicos pequeños. Almacenan claves privadas fuera de línea, desconectadas de Internet, lo que garantiza una mayor seguridad. Los usuarios vinculan la billetera de hardware a una computadora o teléfono inteligente cuando necesitan realizar una transacción. Dado que ofrecen protección contra virus e intrusiones en línea, las carteras de hardware se encuentran entre las opciones más seguras para guardar criptomonedas.

Las billeteras de papel son documentos físicos o trozos de papel que contienen las claves públicas y privadas del usuario. Se encuentran entre las formas más seguras de almacenamiento en frío y se pueden generar sin conexión. Los usuarios pueden crear billeteras de papel utilizando software especializado e imprimirlas para su custodia. Las billeteras de papel ofrecen una solución aislada que elimina el riesgo de ataques en línea. Sin embargo, los usuarios deben asegurarse de que el documento impreso se guarde en un lugar seguro y a prueba de manipulaciones.

La seguridad es primordial en las carteras criptográficas, considerando la naturaleza irreversible de las transacciones blockchain. Los diferentes tipos de billeteras ofrecen distintos niveles de seguridad y los usuarios deben considerar las siguientes características al seleccionar una billetera:

Los usuarios deben proporcionar un segundo método de verificación, como un código de un solo uso entregado en su dispositivo móvil, para poder acceder a billeteras que permiten la autenticación de dos factores. Esta medida de seguridad adicional actúa como un elemento disuasorio adicional contra el acceso ilegal a la billetera.

Las billeteras con múltiples firmas requieren múltiples claves privadas para iniciar transacciones. Por ejemplo, una billetera puede requerir la aprobación de dos de tres claves privadas asociadas con diferentes dispositivos. Esta característica mejora la seguridad al reducir el riesgo de un único punto de falla.

Las carteras deterministas jerárquicas (HD) generan una semilla maestra a partir de la cual se pueden derivar múltiples pares de claves públicas y privadas. Esta característica simplifica las copias de seguridad de la billetera y mejora la seguridad, ya que se puede usar una única frase inicial para recuperar todas las claves derivadas.

La interfaz de usuario de una billetera tiene un impacto significativo en la experiencia general del usuario. Las billeteras intuitivas y fáciles de navegar simplifican a los principiantes la gestión de sus activos digitales y la realización de transacciones sin confusión ni frustración.

Los entusiastas de las criptomonedas suelen utilizar varios dispositivos, como computadoras, teléfonos inteligentes y tabletas, para administrar sus criptomonedas. Las billeteras compatibles con múltiples plataformas brindan a los usuarios la flexibilidad y conveniencia de acceder a sus billeteras desde diferentes dispositivos y sistemas operativos.

Diferentes billeteras admiten distintos rangos de criptomonedas. Algunas billeteras pueden estar diseñadas específicamente para una criptomoneda en particular, mientras que otras ofrecen soporte para una amplia variedad de activos digitales. Los usuarios deben asegurarse de que la billetera elegida admita las criptomonedas que desean almacenar o realizar transacciones.

Elegir la billetera criptográfica adecuada es crucial para salvaguardar eficazmente los activos digitales. Aquí hay algunas consideraciones a tener en cuenta al seleccionar una billetera:

El uso previsto de la billetera debe guiar el proceso de selección. Si se prevén transacciones frecuentes, puede ser adecuada una billetera activa con accesibilidad en línea. Por otro lado, los titulares a largo plazo pueden preferir una billetera fría para mayor seguridad y protección contra posibles ataques.

La seguridad y la comodidad suelen ser compensaciones en el mundo de las carteras criptográficas. Los usuarios deben evaluar su tolerancia al riesgo y determinar el nivel de seguridad requerido para sus necesidades específicas. Para grandes cantidades de criptomonedas o almacenamiento a largo plazo, puede ser preferible optar por una billetera fría más segura, mientras que los usuarios que realizan transacciones frecuentes pueden priorizar la conveniencia y accesibilidad que ofrecen las billeteras calientes.

Examinar la reputación y las reseñas de los proveedores de billeteras puede brindar información importante sobre la calidad y confiabilidad de sus servicios. Los comentarios de otros usuarios pueden resaltar problemas potenciales o fortalezas de una billetera en particular, lo que ayuda a tomar una decisión informada.

Tener un proceso de respaldo y recuperación confiable es esencial en caso de pérdida, robo o daño a la billetera o sus dispositivos asociados. Las billeteras que ofrecen sólidas opciones de respaldo y recuperación garantizan que los usuarios puedan recuperar el acceso a sus fondos en caso de circunstancias imprevistas.

Las billeteras criptográficas son herramientas indispensables para administrar y salvaguardar las criptomonedas. Comprender los diferentes tipos de billeteras y sus características es crucial para tomar decisiones informadas sobre criptomonedas. Las billeteras activas ofrecen comodidad y accesibilidad, lo que las hace adecuadas para transacciones frecuentes, mientras que las billeteras frías priorizan la seguridad mejorada, lo que las hace ideales para el almacenamiento a largo plazo.

Elegir la billetera adecuada implica considerar las características de seguridad, la facilidad de uso, las criptomonedas admitidas y la compatibilidad multiplataforma. Ya sea para operaciones activas, tenencias a largo plazo o transacciones ocasionales, seleccionar una billetera que se alinee con las necesidades y preferencias individuales es esencial para una experiencia fluida y segura con criptomonedas.

Al mantenerse atentos y bien informados, los usuarios pueden maximizar los beneficios de la billetera criptográfica que elijan y disfrutar de las apasionantes posibilidades del mundo en constante expansión de las criptomonedas. Las medidas de seguridad adecuadas, como proteger las claves privadas y utilizar métodos de autenticación sólidos, combinadas con una cuidadosa selección de billeteras, permitirán a los usuarios aprovechar al máximo el potencial transformador de las criptomonedas y, al mismo tiempo, garantizar la seguridad de sus valiosos activos digitales.

Mejores prácticas para proteger sus inversiones en Altcoin

La inversión en altcoins puede ser una actividad apasionante y lucrativa, pero también conlleva ciertos riesgos, especialmente en el caso de las criptomonedas. La naturaleza descentralizada de la tecnología blockchain, si bien ofrece diversas ventajas, también presenta desafíos únicos en términos de seguridad. A medida que evoluciona el mercado de altcoins, los inversores deben adoptar las mejores prácticas para salvaguardar sus inversiones y protegerse de posibles amenazas. En esta sección, exploramos las mejores prácticas para proteger sus inversiones en altcoins, cubriendo varios aspectos como la seguridad de la billetera, la administración de contraseñas, la prevención del phishing y la gestión general de riesgos.

Las carteras de criptomonedas son un aspecto fundamental para asegurar las inversiones en altcoins. Una de las formas más seguras de almacenar altcoins es con carteras de hardware. Estos dispositivos físicos mantienen claves privadas fuera de línea, lejos de posibles amenazas en línea. El uso de una billetera de hardware garantiza que las claves privadas permanezcan seguras e inaccesibles para los piratas informáticos, lo que brinda tranquilidad a los inversores. Además, las carteras de papel ofrecen otra opción de almacenamiento en frío. Generar una billetera de papel implica crear una clave privada y su correspondiente dirección pública, las cuales se imprimen o escriben en papel. Mantener este documento a salvo de amenazas físicas, como daños por fuego y agua, garantiza la seguridad de las criptomonedas.

Otro aspecto crítico de la seguridad es la gestión sólida de contraseñas. Para cada cuenta conectada a inversiones en altcoins, se deben crear contraseñas seguras. Evite el uso de contraseñas fáciles de adivinar o la reutilización de contraseñas en múltiples plataformas, ya que aumenta el riesgo de acceso no autorizado. Agregar autenticación de dos factores a las cuentas aumenta la seguridad de la cuenta. Incluso si se piratea la contraseña, requerir un segundo método de verificación, como un código de un solo uso proporcionado a un dispositivo móvil, ayuda a prevenir el acceso no deseado.

Los inversores deben mantenerse informados y ser cautelosos para protegerse contra ataques de phishing y otras amenazas en línea. Los ataques de phishing son frecuentes en las criptomonedas, y los estafadores intentan robar credenciales de inicio de sesión y claves privadas a través de sitios web y correos electrónicos engañosos. Verifique siempre la autenticidad de los sitios web y tenga cuidado con los correos electrónicos no solicitados que solicitan información confidencial. Actualizar periódicamente los sistemas operativos, el software antivirus y las carteras de criptomonedas es fundamental para protegerse contra vulnerabilidades y exploits conocidos.

En el mundo de la inversión, la diversificación es una técnica clave de gestión de riesgos. Distribuir las inversiones entre diferentes altcoins reduce la exposición a los riesgos de proyectos individuales. Una cartera diversificada es menos susceptible a las fluctuaciones de precios de cualquier activo individual, lo que ofrece más estabilidad en condiciones de mercado turbulentas. Además, es esencial invertir sólo lo que uno pueda permitirse perder cómodamente, sin poner en peligro la estabilidad financiera. Es fundamental investigar a fondo los proyectos de altcoins antes de invertir. Comprender los riesgos y recompensas potenciales de una inversión permite una toma de decisiones más informada y reduce las posibilidades de ser víctima de estafas o proyectos poco confiables.

Para protegerse contra la pérdida de dinero en caso de falla del hardware u otras circunstancias imprevistas, debe hacer una copia de seguridad de su billetera con regularidad. Almacene de forma segura frases de recuperación, ya que contienen las claves para acceder a sus fondos en caso de pérdida o daño de la billetera física.

En conclusión, asegurar las inversiones en altcoins requiere un enfoque proactivo e informado. Al adoptar mejores prácticas, como la gestión segura de la billetera, una estricta higiene de las contraseñas, mantenerse informado y cauteloso, y practicar la gestión de riesgos y la diversificación, los inversores pueden reducir significativamente los riesgos asociados con las inversiones en altcoins. Armados con un enfoque seguro e informado, los inversores pueden navegar con confianza en el panorama de las criptomonedas y capitalizar el potencial transformador de las inversiones en altcoins mientras salvaguardan sus valiosos activos digitales.

Protección contra hackeos y estafas

El auge de las criptomonedas, especialmente las altcoins, ha creado un mercado en auge para los activos digitales. Si bien esto ha abierto interesantes oportunidades de inversión, también ha atraído la atención de actores maliciosos que buscan explotar vulnerabilidades y capitalizar la falta de regulación. El mercado de altcoins, en particular, es susceptible a ataques y estafas debido a su naturaleza descentralizada y menos establecida. En esta sección, exploraremos los diversos riesgos que plantean los ataques y estafas en el mercado de altcoins y discutiremos estrategias esenciales para proteger a los inversores de ser víctimas de estas amenazas.

Las altcoins, en referencia a cualquier criptomoneda distinta a Bitcoin, han crecido exponencialmente en los últimos años. A menudo pretenden mejorar las limitaciones de Bitcoin y ofrecer características o casos de uso únicos. Algunas de las altcoins populares incluyen Ethereum, Ripple, Litecoin y Cardano, entre muchas otras. A diferencia de los mercados financieros tradicionales, el mercado de altcoins opera las 24 horas del día, los 7 días de la semana y está sujeto a una volatilidad extrema de precios. Estos factores lo convierten en un objetivo lucrativo para piratas informáticos y estafadores.

Con el creciente interés en las altcoins, nuevos inversores están acudiendo en masa al mercado, ansiosos por capitalizar ganancias potenciales. Sin embargo, este entusiasmo también atrae a actores maliciosos que explotan la falta de conocimiento y experiencia de los recién llegados. Dado que el mercado de altcoins opera menos regulado que los mercados financieros tradicionales, los inversores deben ser conscientes de los riesgos involucrados y tomar medidas proactivas para proteger sus inversiones.

Los ataques de phishing son un tipo común de delito cibernético que implica engañar a las personas para que revelen información confidencial, incluidas contraseñas de inicio de sesión o claves privadas, mediante sitios web falsos o correos electrónicos que parecen auténticos. En el mercado de altcoins, los ataques de phishing se dirigen a usuarios de intercambios o billeteras de criptomonedas, con el objetivo de obtener acceso no autorizado a sus fondos.

Estos ataques pueden adoptar diversas formas, como correos electrónicos que se hacen pasar por equipos de soporte, mensajes urgentes que solicitan a los usuarios que cambien sus contraseñas o sitios web fraudulentos que imitan plataformas legítimas. La intención es engañar a los usuarios para que revelen su información confidencial sin saberlo.

Los estafadores del mercado de altcoins a menudo promueven esquemas de inversión fraudulentos que prometen altos rendimientos con un riesgo mínimo. Los esquemas Ponzi y piramidales son ejemplos clásicos de este tipo de estafas. En un esquema Ponzi, el estafador promete a los inversores enormes beneficios sobre sus inversiones, que se pagan con el dinero de los nuevos inversores. Cuando no hay suficientes inversores nuevos para respaldar los pagos, el plan colapsa y genera pérdidas significativas para la mayoría de los participantes.

De manera similar, los esquemas piramidales operan reclutando nuevos inversionistas que luego reclutan a otros, formando una estructura jerárquica. Los ingresos de los participantes anteriores dependen del reclutamiento de nuevos miembros y, a medida que la pirámide crece, la base se vuelve insostenible, lo que genera pérdidas financieras para la mayoría de los participantes.

En los esquemas de bombeo y descarga, grupos coordinados inflan artificialmente el precio de una altcoin difundiendo rumores positivos o información falsa, incitando a inversores desprevenidos a comprar. Una vez que el precio alcanza un máximo, los perpetradores venden sus participaciones, lo que luego hace que el precio caiga en picado, dejando a los recién llegados con pérdidas sustanciales.

Los esquemas de bombeo y descarga a menudo se llevan a cabo en el contexto de altcoins de baja capitalización de mercado, donde la manipulación de precios es más factible debido a la menor liquidez. Estos esquemas se aprovechan del FOMO (miedo a perderse algo) y la codicia, lo que lleva a los inversores a comprar a precios inflados sólo para enfrentar pérdidas significativas cuando el precio se desploma.

Los intercambios de criptomonedas, que actúan como intermediarios para el comercio de altcoins, son los principales objetivos de los piratas informáticos. Estas plataformas almacenan grandes cantidades de activos digitales, lo que las convierte en objetivos atractivos para los ciberdelincuentes. Los ataques a las bolsas han provocado pérdidas masivas que han afectado a miles de usuarios que confiaron sus fondos a estas plataformas.

Los piratas informáticos sofisticados utilizan diversas técnicas, como explotar vulnerabilidades en el software de intercambio, emplear tácticas de ingeniería social o realizar ataques de phishing a empleados de intercambio, para obtener acceso no autorizado a las billeteras de la plataforma. Una vez que obtienen acceso, pueden transferir los fondos a sus billeteras privadas, lo que dificulta la recuperación.

Antes de invertir en cualquier altcoin, los inversores deben realizar una investigación exhaustiva. Esto incluye comprender la tecnología, el equipo, el caso de uso y la reputación de la comunidad del proyecto. Las fuentes confiables de información incluyen documentos técnicos, sitios web oficiales y medios acreditados de noticias sobre criptomonedas.

Los inversores deben evaluar críticamente la viabilidad, escalabilidad y potencial de adopción del proyecto. Además, examinar la experiencia y el historial del equipo de desarrollo puede proporcionar información sobre las posibilidades de éxito del proyecto. Es esencial evitar invertir basándose únicamente en exageraciones o promesas de ganancias rápidas.

Opte por monederos y bolsas de criptomonedas bien establecidos y de buena reputación. Busque plataformas con un historial de seguridad, cumplimiento normativo y satisfacción del usuario. Los intercambios de buena reputación a menudo implementan medidas de seguridad sólidas, incluido el cifrado, la autenticación de dos factores (2FA) y el almacenamiento en frío de los fondos de los usuarios.

Las carteras de hardware, como Ledger o Trezor, proporcionan una capa adicional de seguridad al almacenar claves privadas fuera de línea. Estas billeteras ofrecen protección contra amenazas en línea y se consideran una de las formas más seguras de conservar altcoins para inversores a largo plazo.

Al utilizar un segundo mecanismo de verificación, como un código de un solo uso proporcionado a un dispositivo móvil, la autenticación multifactor (MFA) agrega una capa adicional de seguridad a las cuentas de usuario. Los usuarios pueden reducir significativamente el riesgo de acceso no deseado a sus cuentas activando MFA, incluso si les roban las contraseñas.

Muchos intercambios y billeteras de criptomonedas ofrecen opciones de MFA, y se recomienda encarecidamente a los inversores que habiliten esta función para proteger sus fondos. Proporciona una barrera adicional contra el acceso no autorizado, mitigando el impacto de los ataques de phishing y las violaciones de contraseñas.

La educación es un aspecto crucial de la protección contra los intentos de phishing. Los inversores deben informarse a sí mismos y a otros sobre los signos comunes de los intentos de phishing, como URL mal escritas, correos electrónicos sospechosos o solicitudes no solicitadas de información confidencial. Verifique siempre la autenticidad del remitente antes de hacer clic en cualquier enlace o proporcionar datos personales.

Es esencial tener cuidado al interactuar con correos electrónicos, mensajes o sitios web que solicitan a los usuarios que ingresen información confidencial. Las organizaciones legítimas nunca solicitarán contraseñas o claves privadas a través de canales de comunicación no solicitados.

Evite caer en promesas poco realistas de retornos astronómicos. Diversifique sus inversiones en altcoins para distribuir el riesgo y mantenerse alejado de esquemas que parecen demasiado buenos para ser verdad. Recuerde, las inversiones legítimas requieren tiempo y una consideración cuidadosa.

Los inversores deberían resistir la tentación de participar en planes de enriquecimiento rápido o en planes que garanticen rentabilidades irrealmente altas. Este tipo de promesas a menudo conducen a pérdidas financieras importantes y pueden dañar el bienestar financiero de una persona.

Si bien las criptomonedas suelen ser celebradas por su naturaleza descentralizada, cierto nivel de regulación gubernamental puede proporcionar una red de seguridad para los inversores. Los gobiernos pueden establecer reglas y mecanismos de supervisión para prevenir esquemas fraudulentos y proteger a los consumidores.

Los organismos reguladores pueden colaborar con los intercambios de criptomonedas y otros participantes de la industria para establecer las mejores prácticas y pautas de la industria para los estándares de seguridad. Las medidas regulatorias pueden infundir confianza a los inversores y desalentar actividades fraudulentas al promover la transparencia y la rendición de cuentas dentro del mercado de altcoins.

Para brindar a los inversores potenciales la información que necesitan para tomar decisiones informadas, también es esencial crear conciencia sobre los riesgos relacionados con el mercado de altcoins. Los programas educativos de grupos gubernamentales, financieros y de criptomonedas pueden ser muy importantes para informar al público sobre los riesgos y las mejores formas de proteger sus inversiones.

Protegerse contra hackeos y estafas se vuelve primordial para los inversores a medida que evoluciona el mercado de altcoins. Comprender los riesgos, realizar investigaciones exhaustivas, utilizar intercambios y billeteras confiables y estar atento a los intentos de phishing son pasos vitales para salvaguardar las inversiones. La regulación gubernamental y una mayor conciencia de los inversores también pueden desempeñar un papel importante en la promoción de un mercado de altcoins más seguro.

Invertir en el mercado de altcoins puede resultar gratificante, pero conlleva riesgos inherentes que no deben pasarse por alto. Al emplear las estrategias y mejores prácticas descritas en esta sección, los inversores pueden participar en el apasionante mundo de las altcoins con mayor confianza y seguridad. A medida que la industria madura, los inversores, las partes interesadas de la industria y los organismos reguladores deben trabajar juntos para construir un mercado de altcoins sostenible y seguro en beneficio de todos los participantes.

CAPÍTULO VII

Impuestos e informes para inversiones en Altcoin

Comprender las implicaciones fiscales del comercio de altcoins

En los últimos años, el mercado de las criptomonedas ha crecido extremadamente rápido y las altcoins desempeñan un papel importante en la diversificación del panorama de los activos digitales. Comprender las implicaciones para los impuestos es crucial a medida que más inversores ingresan al mundo del comercio de altcoins para mantener el cumplimiento de las leyes y regulaciones fiscales aplicables. Si bien las criptomonedas ofrecen numerosos benefícios, incluida la autonomía financiera y las transacciones sin fronteras, el tratamiento fiscal del comercio de altcoins puede resultar complejo y confuso. Esta sección explorará las implicaciones fiscales del comercio de altcoins, analizando conceptos clave, obligaciones de presentación de informes y estrategias para optimizar la eficiencia fiscal.

El comercio de altcoins implica la compra y venta de criptomonedas alternativas (altcoins) distintas de Bitcoin. A diferencia de Bitcoin, que la mayoría de las autoridades fiscales tratan como una moneda digital descentralizada , las altcoins a menudo tienen diversas funcionalidades, como tokens de utilidad, tokens de seguridad y activos digitales que sirven para propósitos específicos dentro de aplicaciones descentralizadas (DApps).

El tratamiento fiscal del comercio de altcoins puede variar significativamente de una jurisdicción a otra. Las autoridades fiscales generalmente consideran las criptomonedas como propiedad a efectos fiscales, y las transacciones que involucran altcoins se tratan de manera similar a los instrumentos de inversión tradicionales, como acciones o materias primas. Por lo tanto, el comercio de altcoins puede generar impuestos sobre las ganancias de capital o impuestos sobre la renta según las circunstancias específicas de cada país y las leyes aplicables.

En muchos países, incluidos Estados Unidos, Canadá, el Reino Unido y otros, el comercio de altcoins está sujeto al impuesto sobre las ganancias de capital. Las ganancias obtenidas de la venta o el intercambio de un activo de capital, como las altcoins mantenidas con fines de inversión, están sujetas al impuesto sobre las ganancias de capital. La obligación tributaria se determina en función de la diferencia entre la base del costo (costo de adquisición) y los ingresos de la altcoin (precio de venta).

Por ejemplo, si un inversor compra 1.000 unidades de Altcoin X por 1.000 dólares y luego las vende por 2.500

dólares, la ganancia de capital sería de 1.500 dólares (2.500 dólares - 1.000 dólares). Esta ganancia se incluye en el impuesto sobre las ganancias de capital a la tasa aplicable, que puede variar según el período de tenencia y los ingresos totales del individuo.

En algunas jurisdicciones, el comercio de altcoins puede tratarse como una actividad comercial en lugar de una inversión de capital. Supongamos que un individuo participa en operaciones frecuentes y sustanciales con altcoins con la intención de obtener ganancias. En ese caso, los ingresos derivados de dicha negociación pueden clasificarse como ingresos comerciales y estar sujetos a las tasas ordinarias del impuesto sobre la renta.

Determinar si el comercio de altcoins constituye una actividad comercial o una inversión puede ser complejo y puede depender de factores como la frecuencia del comercio, el volumen de transacciones y el nivel de experiencia y esfuerzo involucrados en las actividades comerciales.

Los inversores deben mantener registros detallados de todas las transacciones para calcular y declarar con precisión los impuestos sobre el comercio de altcoins. Esto incluye registros de la fecha de adquisición, precio de compra, cantidad de altcoins adquiridas, fecha de venta, precio de venta y cantidad de altcoins vendidas. El mantenimiento de registros precisos es esencial para determinar la base de costos y el período de tenencia de cada transacción de altcoin, que son factores críticos en el cálculo del impuesto a las ganancias de capital.

En los Estados Unidos, los contribuyentes deben informar la actividad comercial de altcoins en el Formulario 8949 y el Anexo D de su declaración de impuestos sobre la renta (Formulario 1040). El formulario 8949 informa los detalles de cada transacción, incluida la base de costos y los ingresos. Los totales del Formulario 8949 luego se transfieren al Anexo D para calcular las ganancias o pérdidas de capital generales para el año fiscal.

Otros países pueden tener diferentes requisitos de declaración de impuestos para el comercio de altcoins. Los inversores deben ponerse en contacto con un profesional fiscal cualificado o revisar las directrices fiscales proporcionadas por las autoridades fiscales locales para garantizar el cumplimiento de las leyes fiscales y las obligaciones de presentación de informes.

La minería de altcoins, el proceso de validar transacciones y agregar nuevos bloques a la cadena de bloques, también puede tener implicaciones fiscales. En muchas jurisdicciones, las recompensas mineras se consideran ingresos sujetos a impuestos en el momento en que se reciben. El valor de las altcoins obtenidas mediante la minería se incluye en el impuesto sobre la renta según el valor justo de mercado en el momento de su recepción.

Los mineros también pueden ser elegibles para ciertas deducciones, como gastos comerciales relacionados con equipos de minería, costos de electricidad y otros gastos operativos. Sin embargo, estas deducciones pueden estar sujetas a reglas y limitaciones específicas, dependiendo de las leyes fiscales de cada país.

Apostar una altcoin implica participar en el método de consenso de prueba de participación (PoS), que se utiliza para validar las transacciones y proteger la red. Los apostadores son recompensados con altcoins adicionales como incentivo por su participación. Al igual que la minería, las recompensas por apostar pueden considerarse ingresos sujetos a impuestos cuando se reciben. Muchos países imponen impuestos sobre la renta sobre las recompensas de las apuestas a su valor justo de mercado el día en que se reciben.

La recolección de pérdidas fiscales implica vender inversiones perdedoras para compensar las ganancias de capital y reducir las obligaciones fiscales. Los comerciantes de altcoins pueden vender estratégicamente altcoins de bajo rendimiento con pérdidas para compensar las ganancias de otras operaciones rentables. Sin embargo, la recolección de pérdidas fiscales debe realizarse con cuidado para cumplir con las reglas de venta de lavado, que impiden que los inversores reclamen una pérdida si recompran un activo sustancialmente idéntico en un corto período de tiempo.

En algunos países, la tasa impositiva sobre las ganancias de capital a largo plazo (es decir, las ganancias de activos mantenidos durante más de un año) puede ser más baja que la tasa impositiva sobre las ganancias a corto plazo. Los comerciantes de altcoins pueden considerar mantener ciertas altcoins durante un período de tiempo más largo para calificar para el tratamiento fiscal sobre ganancias de capital a largo plazo, reduciendo así su carga fiscal general.

Dadas las complejidades de las leyes fiscales relacionadas con el comercio de altcoins, es fundamental buscar el asesoramiento de un profesional fiscal cualificado. Los profesionales de impuestos con experiencia en impuestos a las criptomonedas pueden ayudar a los inversores a comprender las implicaciones fiscales específicas de sus actividades comerciales y ayudarlos a optimizar su estrategia fiscal.

Para los inversores que quieran diversificar sus carteras de inversión y participar en el creciente sector de las criptomonedas, el comercio de altcoins ofrece enormes posibilidades. Sin embargo, comprender las implicaciones fiscales del comercio de altcoins es igualmente importante para cumplir con las leyes y regulaciones fiscales.

Dependiendo de la jurisdicción y las actividades comerciales del individuo, el comercio de altcoins puede generar impuestos sobre las ganancias de capital o impuestos sobre la renta. El mantenimiento de registros precisos, la presentación de informes diligentes y la planificación fiscal estratégica son esenciales para minimizar las obligaciones fiscales y maximizar las declaraciones después de impuestos.

A medida que el panorama de las criptomonedas continúa evolucionando, las autoridades tributarias de todo el mundo actualizan continuamente sus directrices sobre impuestos a las criptomonedas. Por lo tanto, los inversores deben mantenerse informados sobre los cambios en las leyes fiscales y buscar asesoramiento fiscal profesional para garantizar el cumplimiento y optimizar su estrategia fiscal de comercio de altcoins. Siguiendo las mejores prácticas, manteniendo registros precisos y buscando asesoramiento de expertos cuando sea necesario, los operadores de altcoins pueden navegar con éxito las complejidades de los impuestos a las criptomonedas y concentrarse en tomar decisiones de inversión informadas en el dinámico mundo del comercio de altcoins.

Mantener registros e informes precisos

Las criptomonedas han revolucionado el panorama financiero, ofreciendo a las personas nuevas oportunidades de inversión y autonomía financiera. El comercio de altcoins, en particular, ha ganado una inmensa popularidad, y los inversores diversifican sus carteras comprando y vendiendo criptomonedas alternativas. Sin embargo, en medio del entusiasmo del mercado de altcoins, los comerciantes deben mantener registros precisos y cumplir con los requisitos de presentación de informes para garantizar el cumplimiento fiscal y la transparencia financiera. En esta sección, profundizaremos en la importancia de mantener registros e informes precisos sobre el comercio de altcoins, explorando los beneficios, los elementos clave del mantenimiento de registros, las implicaciones fiscales y las mejores prácticas para fomentar el comercio responsable y exitoso de altcoins.

El comercio de altcoins, caracterizado por su naturaleza acelerada y el flujo constante de precios de las criptomonedas, exige un mantenimiento de registros meticuloso. Los registros precisos sirven como un pilar vital para que los operadores construyan una estrategia comercial sólida e informada. La importancia de mantener registros precisos en el comercio de altcoins se puede comprender a través de los siguientes aspectos:

El cumplimiento fiscal es una de las razones principales para mantener registros precisos en el comercio de altcoins. Las autoridades fiscales de todo el mundo se centran cada vez más en las criptomonedas y su tributación. Los inversores que participan en el comercio de altcoins están sujetos a obligaciones fiscales en función de las ganancias obtenidas de sus transacciones.

Los registros precisos ayudan a los comerciantes a realizar un seguimiento preciso de sus ganancias y pérdidas, lo que garantiza el cálculo correcto de las ganancias o pérdidas de capital a efectos de declaración de impuestos. No mantener registros adecuados puede generar discrepancias en la declaración de impuestos, lo que podría generar sanciones, multas o incluso auditorías.

Las regulaciones fiscales sobre las criptomonedas aún están evolucionando en muchas jurisdicciones y su incumplimiento puede tener consecuencias graves. Al mantener registros precisos, los comerciantes pueden demostrar su compromiso de cumplir con las leyes y regulaciones fiscales, garantizando un proceso de presentación de impuestos sin problemas y reduciendo el riesgo de posibles problemas legales.

El mantenimiento de registros precisos fomenta la transparencia financiera, lo que permite a los operadores obtener información sobre sus actividades comerciales de altcoins. Al mantener registros detallados, los operadores pueden analizar su desempeño, identificar estrategias exitosas y aprender de sus errores. Tener acceso a este conocimiento permite a los operadores tomar decisiones informadas, mejorar sus técnicas comerciales y perfeccionar sus planes de inversión.

Al evaluar la rentabilidad de diferentes operaciones con altcoins, los operadores pueden identificar qué monedas o estrategias producen los mejores resultados. Además, la transparencia financiera ayuda a los operadores a mantener una perspectiva realista sobre su desempeño general, permitiéndoles adaptar su enfoque a medida que cambian las condiciones del mercado.

Más allá de las implicaciones fiscales, los registros precisos también contribuyen al cumplimiento legal. El comercio debe cumplir con las reglas y leyes establecidas por las organizaciones reguladoras, ya que las regulaciones sobre criptomonedas cambian rápidamente. Los registros detallados pueden servir como prueba de cumplimiento en caso de consultas o investigaciones regulatorias.

El cumplimiento de las regulaciones protege a los comerciantes de consecuencias legales y fomenta una reputación positiva dentro de la comunidad de criptomonedas y entre posibles socios o inversores.

Para mantener registros precisos, los operadores deben centrarse en capturar detalles esenciales para cada operación de altcoins. Los elementos clave del mantenimiento de registros en el comercio de altcoins incluyen:

La base de un mantenimiento de registros preciso radica en capturar los detalles esenciales de las transacciones. Para cada operación de altcoins, los operadores deben registrar la siguiente información:

La fecha y hora precisas de la transacción proporcionan un orden cronológico de las actividades comerciales. Esta información es vital para determinar el período de tenencia de las altcoins, lo que puede afectar el tratamiento fiscal.

Identifique la altcoin específica involucrada en el comercio y su símbolo correspondiente. La identificación clara de altcoins garantiza un seguimiento preciso del rendimiento de cada criptomoneda.

Registre la cantidad de altcoins compradas o vendidas en la transacción. Esta cantidad es esencial para calcular la base de costos y los ingresos del comercio.

Tenga en cuenta el precio al que se compraron o vendieron las altcoins en la moneda fiduciaria respectiva (por ejemplo, USD, EUR). Los precios de compra y venta son fundamentales para determinar ganancias o pérdidas en cada operación.

Especifique si la operación fue una compra o una venta. Esta clasificación es fundamental para diferenciar entre ganancias y pérdidas de capital.

Registre el nombre del intercambio o plataforma de criptomonedas utilizada para la transacción. Las diferentes plataformas pueden tener diferentes estructuras de tarifas e historiales de transacciones, lo que hace que sea esencial vincular cada operación a su respectiva plataforma.

La base del costo representa el costo total incurrido para adquirir las altcoins, incluidas las tarifas de transacción. Es esencial realizar un seguimiento preciso de la base de costos, ya que constituye la base para calcular las ganancias o pérdidas de capital durante la venta de altcoins. Los ingresos se refieren al monto total recibido por la venta de altcoins, incluidas las tarifas de transacción asociadas con la venta. El registro preciso tanto de la base de costos como de los ingresos garantiza que los comerciantes puedan calcular sus ganancias o pérdidas netas de manera efectiva.

Registre el período de tenencia para cada operación de altcoin. En muchas jurisdicciones, el período de tenencia afecta el tratamiento fiscal, y las tenencias a largo plazo suelen estar sujetas a tipos impositivos diferentes a los de las tenencias a corto plazo. El período de tenencia está determinado por el tiempo durante el cual se mantuvieron las altcoins antes de ser vendidas. Por ejemplo, las ganancias de capital a largo plazo sobre activos conservados durante más de un año se gravan a una tasa más baja que las ganancias de capital a corto plazo sobre activos conservados durante menos de un año en los Estados Unidos.

Para cada transacción, registre las direcciones de billetera involucradas en la operación. Esta información puede ser crucial para verificar las transacciones y garantizar la exactitud de los registros. Las direcciones de billetera son identificadores únicos que se utilizan para enviar y recibir criptomonedas. Incluir direcciones de billetera en los registros proporciona una capa adicional de verificación de la autenticidad y legitimidad de cada transacción.

Actualice y mantenga registros periódicamente de los saldos de las billeteras de altcoins. Realizar un seguimiento de los saldos de la cartera proporciona una descripción general de las tenencias totales y el rendimiento de la cartera a lo largo del tiempo. Al monitorear los saldos de las billeteras, los operadores pueden evaluar su exposición general a diferentes altcoins y tomar decisiones informadas sobre el reequilibrio o los ajustes de la cartera.

El comercio de altcoins conlleva importantes implicaciones fiscales, que varían según la jurisdicción del comerciante y la naturaleza específica de sus actividades comerciales. Comprender las implicaciones fiscales es crucial para mantener registros precisos y cumplir con las obligaciones de declaración de impuestos.

En muchos países, el comercio de altcoins está sujeto al impuesto sobre las ganancias de capital. Las ganancias obtenidas del intercambio o la venta de activos de capital, como las altcoins mantenidas con fines de inversión, están sujetas al impuesto sobre las ganancias de capital. La diferencia entre el precio de venta de las altcoins (ingresos) y la base del costo (costo adquirido) se utiliza para determinar la ganancia imponible. La ganancia de capital resultante está sujeta a impuestos al tipo impositivo aplicable. Los comerciantes deben clasificar sus transacciones en tenencias a corto y largo plazo, ya que la tasa impositiva puede diferir según el período de tenencia. Las tenencias a corto plazo (normalmente mantenidas durante menos de un año) pueden estar sujetas a tasas impositivas más altas que las tenencias a largo plazo (mantenidas durante más de un año).

En algunas jurisdicciones, el comercio de altcoins puede clasificarse como una actividad empresarial sujeta al impuesto sobre la renta. Se puede considerar que los comerciantes que compran y venden con frecuencia altcoins para obtener ganancias están realizando un negocio, lo que lleva a un tratamiento fiscal sobre la renta para sus actividades comerciales. Dependiendo de los ingresos generales del comerciante y de las regulaciones fiscales locales, las tasas del impuesto sobre la renta pueden cambiar. Los ingresos del comercio de altcoins deben declararse como parte de los ingresos generales del comerciante durante el año fiscal.

Cumplir con las obligaciones de declaración de impuestos es fundamental para mantener registros precisos en el comercio de altcoins. Los requisitos de declaración de impuestos pueden variar de una jurisdicción a otra, y los comerciantes deben familiarizarse con las pautas específicas aplicables a su país.

En los Estados Unidos, los comerciantes deben informar sus actividades comerciales de altcoins en el Formulario 8949 y el Anexo D de su declaración de impuestos sobre la renta (Formulario 1040). El formulario 8949 informa los detalles de cada transacción, incluida la fecha, el tipo, la base del costo y los ingresos. Las ganancias o pérdidas totales del Formulario 8949 luego se transfieren al Anexo D, donde se calculan las ganancias o pérdidas de capital generales del año fiscal. El IRS (Servicio de Impuestos Internos) proporciona instrucciones específicas para informar transacciones de criptomonedas, y los comerciantes deben seguir estas pautas cuidadosamente para garantizar informes fiscales precisos y conformes.

Los requisitos de presentación de informes para el comercio de altcoins pueden variar en diferentes países. Los comerciantes deben consultar a sus autoridades fiscales locales o buscar asesoramiento fiscal profesional para comprender sus obligaciones específicas de presentación de informes y cumplir con las leyes fiscales aplicables. Es posible que en algunos países haya formularios de impuestos específicos sobre criptomonedas disponibles para informar sobre las actividades comerciales de altcoins. Los comerciantes deben seguir diligentemente las instrucciones proporcionadas por sus autoridades fiscales para garantizar una declaración fiscal precisa.

Mantener registros precisos y cumplir con las obligaciones de declaración de impuestos requiere disciplina y atención al detalle. Las siguientes mejores prácticas pueden ayudar a los operadores a mantener sus registros comerciales de altcoins actualizados y precisos:

Los comerciantes pueden utilizar varios métodos para llevar registros, como hojas de cálculo, software de contabilidad o herramientas especializadas de gestión de carteras de criptomonedas. Un método de seguimiento adecuado que se alinee con las preferencias y necesidades individuales es esencial para mantener registros consistentes y precisos. Las herramientas de gestión de carteras de criptomonedas a menudo ofrecen funciones de automatización, como importar transacciones de intercambios y calcular ganancias o pérdidas de capital. Estas herramientas pueden agilizar el proceso de mantenimiento de registros y reducir el riesgo de errores manuales.

Mantener registros actualizados es crucial para un seguimiento financiero preciso. Actualice periódicamente los detalles de las transacciones y los saldos de la billetera para realizar un seguimiento del estado actual de la cartera de altcoins. El comercio de altcoins implica movimientos rápidos en los precios y transacciones frecuentes. Para garantizar que los registros reflejen las últimas actividades comerciales, los comerciantes deben actualizar sus registros rápidamente después de cada transacción.

Realice copias de seguridad de los registros con regularidad para garantizar la integridad de los datos y evitar la pérdida de información valiosa. Se pueden utilizar soluciones de almacenamiento basadas en la nube o copias de seguridad físicas para proteger los registros contra una posible pérdida de datos. Mantener copias de seguridad de los registros es esencial para preservar los datos históricos, garantizar el cumplimiento y proporcionar pruebas de las transacciones si es necesario en el futuro.

Organice registros por año fiscal para facilitar el acceso y agilizar la declaración de impuestos. Mantener registros organizados por año fiscal ayuda a los comerciantes a recopilar información rápidamente durante la temporada de presentación de impuestos. Las autoridades fiscales suelen exigir a los comerciantes que informen anualmente sobre sus actividades comerciales de altcoins. La organización de registros por año fiscal simplifica el proceso de identificación de información relevante para cada año fiscal.

Los comerciantes deben consultar a un profesional fiscal certificado para obtener asesoramiento debido a las complejidades de los impuestos a las criptomonedas. Un experto en impuestos con experiencia en impuestos a las criptomonedas puede brindar orientación sobre estrategias fiscales, obligaciones de presentación de informes y cumplimiento de las leyes fiscales. El asesoramiento fiscal profesional puede ayudar a los comerciantes a optimizar su situación fiscal, identificar posibles deducciones y garantizar una declaración fiscal precisa. Además, los profesionales de impuestos pueden ayudar a abordar cualquier inquietud o consulta fiscal específica relacionada con el comercio de altcoins.

En el dinámico mundo del comercio de altcoins, mantener registros precisos y cumplir con los requisitos de presentación de informes son aspectos fundamentales de un comercio responsable y exitoso. Un mantenimiento de registros preciso garantiza el cumplimiento tributario y fomenta la transparencia financiera y el cumplimiento legal. Al realizar un seguimiento diligente de los detalles de las transacciones, la base de costos, los períodos de tenencia y los saldos de las billeteras, los operadores pueden tomar decisiones informadas, analizar su desempeño y optimizar su estrategia de negociación de altcoins.

Además, comprender las implicaciones fiscales del comercio de altcoins y cumplir con las obligaciones de declaración de impuestos son esenciales para mantener una relación positiva con las autoridades fiscales y evitar posibles sanciones o auditorías. Para mantener el cumplimiento y maximizar las recompensas de sus operaciones comerciales de altcoins, los comerciantes deben mantenerse actualizados sobre los cambios en la legislación fiscal y buscar orientación fiscal profesional. A través de un mantenimiento de registros meticuloso y de informes responsables, los comerciantes pueden navegar con confianza en el mercado de altcoins y alcanzar sus objetivos financieros en el panorama de las criptomonedas.

CAPÍTULO VIII

Estudios de caso: Proyectos exitosos de Altcoin e ICO

Examinando las Altcoins de mejor rendimiento

El mercado de las criptomonedas ha experimentado un rápido crecimiento e innovación desde la creación de Bitcoin en 2009. Además de la moneda digital pionera, han surgido muchas criptomonedas alternativas, comúnmente conocidas como altcoins. Estas altcoins ofrecen diversas funcionalidades y casos de uso más allá de la mera moneda digital, atendiendo a necesidades y nichos específicos dentro del ecosistema descentralizado. A medida que el mercado de altcoins se expande, los inversores y entusiastas buscan identificar las altcoins de mayor rendimiento con potencial para generar retornos sustanciales. En esta sección, examinaremos el concepto de altcoins de alto rendimiento, exploraremos los factores que influyen en su éxito, analizaremos ejemplos notables y discutiremos las perspectivas futuras de estos activos digitales.

Las altcoins de mayor rendimiento son criptomonedas que han demostrado un crecimiento y un rendimiento excepcionales en comparación con sus pares durante un período específico. El desempeño de las altcoins generalmente se mide en términos de apreciación de precios, capitalización de mercado, volumen de operaciones, avances tecnológicos, participación de la comunidad y tasa de adopción.

Si bien la apreciación del precio es una métrica esencial, es crucial considerar una combinación de factores para determinar de manera integral las altcoins de mejor rendimiento. Un precio alto por sí solo no significa necesariamente que sea una altcoin de alto rendimiento si carece de atributos fundamentales y una trayectoria de crecimiento sostenible.

Varios factores clave contribuyen al éxito y desempeño de las altcoins en el altamente competitivo mercado de las criptomonedas. Comprender estos componentes puede proporcionar información sobre la dinámica que impulsa el aumento de las altcoins de alto rendimiento:

La tecnología y la innovación subyacentes de una altcoin desempeñan un papel fundamental en su éxito. Las altcoins que introducen características novedosas, mejoras de escalabilidad y seguridad mejorada a menudo atraen la atención de inversores y desarrolladores. Los proyectos con casos de uso únicos, como habilitar contratos inteligentes (Ethereum), proporcionar funciones de privacidad (Monero) o facilitar aplicaciones de finanzas descentralizadas (DeFi) (Chainlink), tienden a atraer importantes intereses e inversiones, lo que contribuye a su estatus de alto rendimiento.

Una comunidad fuerte y comprometida es un sello distintivo de los proyectos exitosos de altcoins. Una comunidad apasionada y activa puede impulsar la adopción, contribuir a los esfuerzos de desarrollo y defender la altcoin en varios foros y plataformas de redes sociales. Los proyectos de código abierto que fomentan la participación de la comunidad a menudo ven mejoras y refinamientos continuos de su código base, lo que mejora aún más su reputación y credibilidad.

La demanda y la adopción del mercado son factores críticos para el éxito de una altcoin. Las altcoins que abordan puntos débiles específicos en industrias u ofrecen soluciones únicas a menudo ganan terreno y una adopción generalizada. Por ejemplo, es más probable que las altcoins con aplicaciones prácticas en escenarios del mundo real, como la gestión de la cadena de suministro (VeChain) o la verificación de identidad (Civic), atraigan el interés de empresas e inversores.

Las asociaciones y colaboraciones estratégicas con empresas o instituciones establecidas pueden aumentar significativamente la credibilidad y visibilidad de una altcoin. Las colaboraciones pueden conducir a una mayor adopción, nuevos casos de uso y aplicaciones innovadoras. Las asociaciones entre proyectos de altcoins y actores establecidos en blockchain o industrias tradicionales demuestran el potencial del proyecto para tener un impacto en el mundo real, atrayendo inversores que buscan oportunidades de crecimiento a largo plazo.

El mercado de las criptomonedas es conocido por su volatilidad y naturaleza especulativa. El sentimiento del mercado puede influir en gran medida en el rendimiento de las altcoins, provocando rápidas fluctuaciones de precios y aumentos repentinos de su valor. Las noticias positivas, los avances regulatorios y el respaldo de figuras influyentes pueden desencadenar compras frenéticas, impulsando a ciertas altcoins al estado de alto rendimiento. Sin embargo, es esencial diferenciar entre el entusiasmo genuino del mercado y la exageración insostenible.

Ethereum, lanzado en 2015 por Vitalik Buterin, es una de las altcoins de alto rendimiento más notables y duraderas en criptomonedas. Como primera plataforma en introducir contratos inteligentes, Ethereum revolucionó el concepto de aplicaciones descentralizadas (DApps) y marcó el comienzo de la era de las Ofertas Iniciales de Monedas (ICO). La sólida tecnología de Ethereum y su amplia gama de casos de uso, incluidas las finanzas descentralizadas (DeFi) y los tokens no fungibles (NFT), han contribuido a su notable desempeño. La flexibilidad y escalabilidad de la cadena de bloques Ethereum continúan atrayendo a desarrolladores y empresas que buscan crear soluciones innovadoras en su plataforma.

Desde su introducción en 2017, Binance Coin (BNB), la criptomoneda que impulsa el intercambio Binance, ha crecido notablemente. La principal utilidad de BNB radica en reducir las tarifas comerciales en la plataforma Binance, lo que la convierte en una opción atractiva para los comerciantes e inversores en el intercambio. El éxito de BNB se puede atribuir a la posición de Binance como uno de los intercambios de criptomonedas más grandes e influyentes a nivel mundial. A medida que Binance expande su ecosistema y ofrece casos de uso adicionales para BNB, incluida la participación en ventas de tokens y el acceso a proyectos financieros descentralizados, la demanda de BNB ha aumentado, lo que ha elevado su precio.

Cardano es una plataforma blockchain fundada por Charles Hoskinson, cofundador de Ethereum, en 2017. Cardano tiene como objetivo crear una cadena de bloques más segura y escalable a través de su arquitectura en capas y su riguroso enfoque de investigación académica.

El énfasis de Cardano en la investigación revisada por pares y la verificación formal ha llamado la atención de académicos e instituciones interesadas en el potencial de la tecnología blockchain. El constante progreso del desarrollo, junto con una comunidad dedicada, ha impulsado a ADA a convertirse en una de las altcoins de mayor rendimiento en el mercado.

Solana es una plataforma blockchain de alto rendimiento conocida por sus rápidas velocidades de transacción y bajas tarifas. Lanzado en 2020, Solana tiene como objetivo habilitar aplicaciones descentralizadas con alto rendimiento y escalabilidad perfecta. La demanda de la infraestructura blockchain de Solana ha crecido rápidamente, atrayendo a desarrolladores y proyectos que buscan una plataforma sólida y eficiente. A medida que la adopción de DeFi y NFT continúa expandiéndose, el desempeño de Solana ha sido uno de los más notables entre las altcoins más nuevas.

Polkadot, creada por el cofundador de Ethereum, Gavin Wood, es una plataforma blockchain multicadena que facilita la interoperabilidad y la comunicación entre blockchains. Lanzado en 2020, Polkadot tiene como objetivo superar los problemas de escalabilidad y fragmentación que enfrentan muchas redes blockchain. El enfoque único de Polkadot para conectar múltiples blockchains, conocido como parachains, ha atraído una gran atención por parte de la comunidad blockchain. El exitoso lanzamiento de la red principal del proyecto y los continuos esfuerzos de desarrollo han contribuido al estatus del DOT como una altcoin de alto rendimiento.

Si bien las altcoins de alto rendimiento han logrado un éxito significativo, también enfrentan desafíos que podrían afectar sus perspectivas de crecimiento a largo plazo.

El entorno regulatorio que rodea a las criptomonedas sigue siendo incierto y puede afectar significativamente a las altcoins de alto rendimiento. Las regulaciones ambiguas o restrictivas pueden obstaculizar la adopción, la inversión y el desarrollo general de proyectos de altcoins. Para mantener su estatus de alto rendimiento, las altcoins deben navegar de manera efectiva en el panorama regulatorio, garantizando el cumplimiento y al mismo tiempo abogando por regulaciones claras y justas que promuevan la innovación y la protección de los inversores.

La volatilidad inherente y la naturaleza especulativa del mercado de criptomonedas plantean desafíos para las altcoins de alto rendimiento. Las caídas repentinas del mercado o el comportamiento irracional de los inversores pueden provocar correcciones de precios y sacudir la confianza de los inversores. Las altcoins de alto rendimiento deben demostrar resiliencia y proporcionar un valor genuino a los inversores y usuarios para resistir las fluctuaciones del mercado y evitar depender demasiado de la actividad especulativa.

El mercado de altcoins es altamente competitivo, con numerosos proyectos compitiendo por atención e inversión. A medida que nuevas altcoins continúan ingresando al mercado, las altcoins establecidas de alto rendimiento deben innovar y diferenciarse continuamente para mantener su ventaja. La innovación y la capacidad de abordar los desafíos del mundo real serán cruciales para que las altcoins de alto rendimiento conserven su participación de mercado y su relevancia en el panorama de las criptomonedas en constante evolución.

Aprendiendo de ICO anteriores: qué salió bien y qué salió mal

El auge de la Oferta Inicial de Monedas (ICO) de 2017 marcó un hito importante en las criptomonedas, ofreciendo un nuevo mecanismo de recaudación de fondos para proyectos blockchain. Miles de empresas intentaron recaudar capital durante este tiempo vendiendo sus propios tokens digitales a inversores de todo el mundo. Si bien algunas ICO tuvieron un gran éxito, otras enfrentaron graves desafíos e incluso fracasaron. Esta sección examina las lecciones aprendidas de ICO anteriores, analizando los factores que contribuyen al éxito y al fracaso de las ventas de tokens. Al comprender los éxitos y fracasos de las ICO anteriores, podemos obtener información valiosa para dar forma al futuro de la recaudación de fondos en la industria blockchain.

Las ICO surgieron como una forma novedosa para que los proyectos blockchain recauden fondos mediante la venta de tokens criptográficos a inversores interesados. Una vez desarrollados, estos tokens representaban el acceso futuro a la plataforma o los servicios del proyecto, lo que hacía que las ICO fueran similares a las campañas de financiación colectiva. La promesa de descentralización, transparencia y potencial de retornos significativos atrajo tanto a inversores minoristas como a capitalistas de riesgo a participar en este innovador modelo de recaudación de fondos.

El fenómeno ICO cobró rápido impulso, gracias a la cadena de bloques Ethereum, que introdujo el concepto de contratos inteligentes. La funcionalidad de contrato inteligente de Ethereum permitió a los proyectos crear sus propios tokens personalizados y gestionar sus ventas de tokens de forma descentralizada y automatizada.

Varias ICO han logrado un éxito tremendo, recaudando millones o incluso miles de millones de dólares. Uno de los ejemplos más notables es la ICO de Ethereum en 2014, que recaudó más de 18 millones de dólares en Bitcoin, lo que la convirtió en una de las ICO más importantes del momento. La ICO de Ethereum proporcionó la base para la cadena de bloques Ethereum y sus capacidades de contrato inteligente, lo que llevó al desarrollo de numerosas aplicaciones descentralizadas (DApps) y proyectos de cadena de bloques.

Otra ICO exitosa fue realizada por EOS.IO, que recaudó más de $4 mil millones durante su venta de tokens de un año de duración en 2017-2018. EOS.IO tenía como objetivo crear un sistema operativo descentralizado que pudiera admitir aplicaciones a escala industrial. El impresionante éxito de recaudación de fondos del proyecto generó una atención significativa y altas expectativas para su desarrollo futuro.

Telegram, una popular plataforma de mensajería, también llevó a cabo una ICO de gran éxito, recaudando 1.700 millones de dólares a principios de 2018. Telegram Open Network (TON) prometió ofrecer una plataforma blockchain rápida, escalable y fácil de usar para la amplia base de usuarios de Telegram. A pesar de los desafíos regulatorios, la ICO de Telegram atrajo una inversión sustancial de varios inversores institucionales y minoristas.

Si bien cada ICO exitosa tenía sus atributos únicos, se pueden derivar varias lecciones comunes de sus logros: Las ICO exitosas ofrecieron un caso de uso claro y convincente para sus tokens. Presentaron un problema bien definido y explicaron cómo su solución basada en blockchain lo abordaría de manera efectiva. Las ICO exitosas atrajeron a inversores que buscaban proyectos innovadores con aplicaciones tangibles en el mundo real al proporcionar una propuesta de valor única.

Detrás de cada ICO exitosa había un equipo de desarrollo sólido y experimentado. Los inversores buscaron garantías de que el equipo tenía la experiencia y la capacidad necesarias para cumplir sus promesas. Un equipo creíble con un historial de proyectos exitosos infundió confianza en el potencial de éxito a largo plazo de la OIC.

Un documento técnico completo y transparente era crucial para ganarse la confianza de los inversores. Las ICO exitosas publicaron documentos técnicos detallados que describen los objetivos, la tecnología, la hoja de ruta y la economía de los tokens del proyecto. Los inversores confiaron en el documento técnico para evaluar la viabilidad del proyecto y su alineación con sus criterios de inversión.

Las ICO exitosas participaron activamente con sus comunidades. Escucharon comentarios, abordaron inquietudes e incorporaron sugerencias constructivas en sus proyectos. Construir una comunidad sólida y solidaria era esencial para un crecimiento sostenido, una adopción y una base de usuarios leales.

Si bien algunas ICO tuvieron mucho éxito, muchas otras enfrentaron desafíos importantes e incluso un fracaso total. Estos obstáculos sirven como lecciones importantes para evitar posibles obstáculos en futuras ventas de tokens.

El frenesí de las ICO de 2017 también atrajo esquemas fraudulentos y estafas. Algunos proyectos recaudaron fondos sin intención de cumplir sus promesas, dejando a los inversores con tokens sin valor. Estas estafas explotaron el entusiasmo de los inversores y contribuyeron a una percepción negativa de las ICO como un mecanismo de recaudación de fondos riesgoso y no regulado. Varias señales de alerta podrían indicar posibles estafas, como proyectos que carecen de un caso de uso claro, un equipo de desarrollo creíble o un documento técnico transparente. Además, los proyectos que garantizaban rendimientos exorbitantes con un riesgo mínimo eran a menudo demasiado buenos para ser verdad y deberían haber sido tratados con escepticismo.

Durante el auge de las ICO, muchos proyectos exageraron sus capacidades y resultados potenciales. Algunos documentos técnicos contenían afirmaciones ambiciosas y visiones grandiosas sin proporcionar un plan de ejecución integral. Los inversores se sintieron atraídos por marketing llamativo y promesas de retornos masivos sin una justificación adecuada. La falta de sustancia y la mala ejecución provocaron la desilusión entre los inversores cuando los proyectos no lograron alcanzar sus ambiciosos objetivos. Los inversores se dieron cuenta de la importancia de distinguir los proyectos genuinos de aquellos que se basaban únicamente en exageraciones y tácticas de marketing.

La tokenómica, que incluye el suministro, la distribución y la utilidad de los tokens, es crucial para el éxito de una ICO. Una tokenómica mal diseñada puede provocar una falta de demanda del token, lo que provocará una depreciación significativa del precio después de la ICO. Las valoraciones sobreinfladas de los tokens durante la etapa de ICO también contribuyeron a las caídas del mercado posteriores a la ICO. Los inversores que compraron tokens con una prima durante la ICO a menudo sufrieron pérdidas cuando comenzaron las operaciones en el mercado secundario.

La falta de marcos regulatorios claros para las ICO en muchas jurisdicciones contribuyó a la incertidumbre de los inversores y los proyectos. Mientras los reguladores luchaban con el novedoso modelo de recaudación de fondos, algunas ICO enfrentaron desafíos debido a regulaciones cambiantes o posibles acciones de cumplimiento. En algunos casos, los proyectos enfrentaron repercusiones legales por no cumplir con las regulaciones de valores. La falta de claridad sobre la clasificación de los tokens como valores o tokens de utilidad generó ambigüedad regulatoria y obstaculizó el crecimiento de las ICO en ciertas regiones.

Las ICO exitosas sentaron una base sólida con una visión clara para sus proyectos. Identificaron problemas del mundo real que podrían abordarse con la tecnología blockchain y articularon cómo sus proyectos marcarían una diferencia tangible. Por ejemplo, la visión de Ethereum de una plataforma descentralizada para contratos inteligentes capturó la imaginación de desarrolladores y empresarios de todo el mundo. El visionario líder del proyecto, Vitalik Buterin, comunicó de manera efectiva el potencial de Ethereum para revolucionar varias industrias a través de la tecnología blockchain.

Los proyectos con equipos de desarrollo creíbles y experimentados inspiraron confianza entre los inversores. La comunicación transparente y las actualizaciones periódicas sobre el progreso del proyecto fomentaron la confianza y la responsabilidad. Por ejemplo, el equipo de Ethereum mantuvo un proceso de desarrollo abierto e inclusivo, donde se buscaron y consideraron activamente los comentarios de la comunidad. Este enfoque creó un sentido de propiedad y participación entre los miembros de la comunidad.

Los documentos técnicos completos eran fundamentales para el éxito de las ICO. Brindaron a los inversores una comprensión detallada de la tecnología, la hoja de ruta, el caso de uso y la tokenómica del proyecto. El documento técnico de Ethereum, escrito por Vitalik Buterin, Gavin Wood y otros, aclara la máquina virtual Ethereum, los contratos inteligentes y el plan para crear una plataforma para aplicaciones descentralizadas. La información técnica detallada presentada en el documento técnico infundió confianza en la viabilidad técnica del proyecto y atrajo a desarrolladores y empresarios a la plataforma. Las

ICO exitosas participaron activamente con sus comunidades. Escucharon comentarios, abordaron inquietudes e incorporaron sugerencias constructivas en sus proyectos. Construir una comunidad sólida y solidaria era esencial para un crecimiento sostenido, una adopción y una base de usuarios leales. La comunidad Ethereum, por ejemplo, jugó un papel importante en el desarrollo y adopción de la plataforma. El subreddit, los foros y las reuniones de desarrolladores de Ethereum facilitaron debates abiertos y colaboración entre los miembros de la comunidad.

Los inversores a menudo se apresuraban a lanzar ICO sin realizar la debida diligencia o investigación adecuada. La falta de comprensión sobre el proyecto y su tecnología subyacente llevó a decisiones de inversión desinformadas. Los inversores deben evaluar minuciosamente el documento técnico, el equipo de desarrollo y la participación de la comunidad de cada ICO antes de tomar decisiones de inversión. Realizar la debida diligencia sobre la viabilidad técnica del proyecto, la demanda del mercado y el panorama competitivo habría ayudado a los inversores a tomar decisiones informadas.

FOMO o el miedo a perderse algo, impulsó inversiones impulsivas en ICO sin evaluar a fondo los fundamentos del proyecto. Las inversiones impulsadas por FOMO fueron susceptibles al sentimiento y la especulación del mercado. Los inversores deberían haber sido cautelosos a la hora de invertir basándose únicamente en la publicidad del proyecto. Una toma de decisiones racional basada en un análisis exhaustivo y una comprensión del potencial del proyecto habría mitigado los riesgos asociados con las inversiones impulsadas por FOMO.

En algunas jurisdicciones, la falta de directrices regulatorias claras hizo que el mercado de ICO fuera susceptible a estafas y proyectos fraudulentos. La claridad regulatoria y la protección de los inversores eran fundamentales para un ecosistema de ICO saludable. Los inversores y proyectos deberían haber sido conscientes de las implicaciones legales de participar en las ICO. El cumplimiento de las leyes y regulaciones de valores existentes habría proporcionado un entorno más seguro para la recaudación de fondos de ICO.

En respuesta a los desafíos y riesgos asociados con las ICO, la industria de las criptomonedas fue testigo del surgimiento de modelos alternativos de recaudación de fondos, como las ofertas de tokens de seguridad (STO) y las ofertas iniciales de intercambio (IEO).

Las ofertas de tokens de seguridad (STO) surgieron como una alternativa regulada y compatible a las ICO tradicionales. Las STO ofrecían tokens que representaban la propiedad de un activo regulado, como acciones de empresas o de bienes raíces. Al cumplir con las regulaciones de valores, las STO tenían como objetivo brindar a los inversores una mayor protección y transparencia. Las STO proporcionaron un puente entre los mercados financieros tradicionales y el espacio blockchain. Los proyectos que persiguen STO podrían atraer tanto a inversores tradicionales que buscan oportunidades de inversión compatibles como a entusiastas de blockchain interesados en proyectos innovadores.

Las Ofertas de Intercambio Iniciales (IEO) se llevan a cabo en intercambios de criptomonedas, lo que proporciona un entorno más controlado para las ventas de tokens. Los intercambios realizan la debida diligencia en los proyectos y enumeran sus tokens directamente, lo que reduce el riesgo de estafas y proyectos fraudulentos. Los IEO aprovecharon la base de usuarios establecida y las medidas de seguridad de los intercambios para facilitar las ventas de tokens. Los inversores podían participar en IEO a través de sus cuentas de intercambio, lo que agilizaba el proceso de inversión y minimizaba el riesgo de estafas.

A medida que evoluciona la industria blockchain, tanto los proyectos como los inversores deben aprovechar estas lecciones de ICO anteriores. Al aprender tanto de los éxitos como de los fracasos, el futuro de las ventas de tokens se puede construir sobre una base más sólida y prometedora, fomentando un ecosistema próspero y responsable para la innovación blockchain.

CAPÍTULO IX

Errores comunes que se deben evitar al invertir en Altcoins

FOMO (miedo a perderse algo) y comercio emocional

La inversión en altcoins ha surgido como una oportunidad interesante para las personas que buscan capitalizar el crecimiento potencial de las criptomonedas alternativas. Si bien el mercado de altcoins ofrece un potencial significativo para obtener ganancias sustanciales, también se caracteriza por una mayor volatilidad y riesgos. A medida que los inversores navegan por este panorama dinámico, a menudo se encuentran con diversos desafíos psicológicos y emocionales que pueden afectar su toma de decisiones. Entre estos desafíos, el miedo a perderse algo (FOMO) y el comercio emocional se destacan como errores comunes que los inversores deben evitar. Esta sección profundiza en las complejidades de FOMO y el comercio emocional, explora su impacto en la inversión en altcoins y proporciona estrategias para superar estos obstáculos de comportamiento.

El miedo a perderse algo (FOMO) es un fenómeno psicológico generalizado que lleva a las personas a tomar decisiones impulsivas debido al miedo a perder oportunidades potenciales. En el contexto de la inversión en altcoins, FOMO se manifiesta cuando los inversores observan aumentos significativos de precios en criptomonedas específicas y temen perder ganancias sustanciales si no actúan de inmediato. En consecuencia, FOMO puede dar lugar a inversiones apresuradas sin una investigación y un análisis exhaustivos, lo que a menudo da lugar a resultados subóptimos.

El sentimiento del mercado influye en gran medida en el FOMO, ya que los inversores son susceptibles al comportamiento multitudinario y al revuelo de las redes sociales. Las noticias positivas o los rumores sobre una altcoin pueden desencadenar FOMO, provocando una avalancha de inversiones sin la debida diligencia. Los sesgos cognitivos, como el sesgo de confirmación y el sesgo de disponibilidad, pueden exacerbar las tendencias FOMO. Los inversores pueden buscar selectivamente información que confirme su creencia en el potencial de una altcoin, lo que lleva a una evaluación sesgada de sus perspectivas.

El comercio emocional se refiere a la toma de decisiones de inversión basadas en respuestas emocionales, en lugar de análisis y estrategias racionales. Emociones como el miedo, la codicia y el pánico pueden influir en gran medida en los comportamientos comerciales, lo que da como resultado estrategias comerciales subóptimas y mayores riesgos.

Dos emociones principales, el miedo y la codicia, influyen en las decisiones de los inversores. El miedo puede llevar a ventas de pánico durante las crisis del mercado, mientras que la codicia puede llevar a los inversores a mantener posiciones durante períodos prolongados, perdiendo a menudo puntos de salida óptimos. El exceso de confianza puede dar lugar a una falsa sensación de invencibilidad, lo que hace que los inversores asuman riesgos excesivos sin comprender plenamente las posibles desventajas. El sesgo de confirmación puede reforzar aún más este comportamiento, ya que los inversores se centran selectivamente en información que respalda sus creencias excesivas de confianza.

FOMO y el comercio emocional pueden dar lugar a varios errores comunes en la inversión en altcoins, lo que afecta tanto a inversores inexpertos como a experimentados.

Sin realizar una investigación adecuada, los inversores pueden cometer el error de seguir el revuelo que rodea a una determinada altcoin. Este enfoque puede conducir a inversiones en proyectos con fundamentos débiles o propuestas de valor dudosas. Por temor a mayores pérdidas, los inversores pueden sucumbir a las ventas de pánico durante las desaceleraciones del mercado, encerrando pérdidas y desaprovechando posibles oportunidades de recuperación. El comercio emocional puede hacer que los inversores descuiden las prácticas de gestión de riesgos, lo que lleva a una sobreexposición a altcoins volátiles o a asignar demasiado capital a una sola inversión.

Reconocer el impacto de FOMO y el comercio emocional es crucial para que los inversores de altcoins implementen estrategias para mitigar estos sesgos de comportamiento.

Desarrollar un plan de inversión claro que describa los objetivos de inversión, la tolerancia al riesgo y las estrategias de salida puede ayudar a los inversores a mantenerse concentrados y disciplinados durante condiciones de mercado turbulentas. Realizar una investigación exhaustiva sobre los proyectos de altcoins, su tecnología, equipo y potencial de mercado puede ayudar a los inversores a tomar decisiones informadas basadas en fundamentos y no en emociones. Independientemente de las condiciones del mercado, el costo promedio en dólares implica invertir una suma fija a intervalos regulares. El uso de esta estrategia puede disminuir los efectos de los cambios de precios a corto plazo y el impacto de las emociones en las decisiones de inversión. La paciencia y la disciplina son virtudes esenciales en la inversión en altcoins. Los inversores deben evitar decisiones impulsivas y permitir que sus inversiones se desarrollen a largo plazo, considerando el potencial de crecimiento y adopción.

Analizar los errores y pérdidas del pasado puede ser una experiencia de aprendizaje invaluable para los inversores de altcoins. Reflexionar sobre las decisiones emocionales y sus consecuencias puede fomentar una mejor comprensión de los prejuicios personales y ayudar a desarrollar mejores hábitos comerciales.

FOMO y el comercio emocional son errores comunes que los inversores de altcoins deben evitar para lograr el éxito en el mercado de criptomonedas altamente volátil e impredecible. Comprender los impulsores psicológicos detrás de estos comportamientos es esencial para adoptar un enfoque disciplinado y racional en la inversión en altcoins.

Los inversores deben priorizar la investigación exhaustiva, establecer planes de inversión claros y practicar la paciencia y la disciplina. Al aprender de los errores del pasado e implementar estrategias para superar el FOMO y el comercio emocional, los inversores pueden posicionarse para tener éxito en el mundo en constante evolución de la inversión en altcoins.

Persiguiendo proyectos promocionados sin la debida diligencia

El mercado de altcoins es un espacio dinámico y en rápida evolución dentro de la industria de las criptomonedas en general. Con la proliferación de la tecnología blockchain y el creciente interés en las finanzas descentralizadas (DeFi), surgen regularmente numerosos proyectos de altcoins que prometen soluciones innovadoras y retornos sustanciales de la inversión. Sin embargo, en medio del entusiasmo y la exageración que rodean estos proyectos, los inversores a menudo caen en la trampa de perseguir altcoins publicitados sin realizar la debida diligencia. Esta sección explora los peligros de perseguir proyectos promocionados sin una investigación y un análisis exhaustivos, destacando los errores comunes que cometen los inversores y proporcionando estrategias para evitar ser víctimas del atractivo de las inversiones en altcoins impulsadas por la publicidad.

En el mercado de altcoins, el hype se refiere al excesivo entusiasmo y promoción que rodea a un proyecto de criptomoneda en particular. El entusiasmo puede surgir de varios factores, como tecnología novedosa, asociaciones destacadas, cobertura de los medios o respaldo de celebridades. Cuando un proyecto obtiene una atención significativa y un sentimiento positivo, a menudo genera un aumento en la demanda, lo que resulta en precios inflados y FOMO (miedo a perderse algo) entre los inversores.

Los medios de comunicación y las plataformas de redes sociales amplifican el entusiasmo en torno a los proyectos de altcoins. Los artículos de noticias, publicaciones de blogs, videos de YouTube y publicaciones en redes sociales pueden crear una narrativa que despierte el interés y la curiosidad entre los inversores potenciales.

El entusiasmo también puede generarse artificialmente a través de tácticas manipuladoras como esquemas de "bombeo y descarga". En estos esquemas, un grupo de individuos infla artificialmente el precio de una altcoin difundiendo información positiva, lo que lleva a inversores desprevenidos a aceptar las exageraciones. Una vez que el precio alcanza un cierto nivel, los orquestadores "se deshacen" de sus tenencias, provocando el colapso del precio y dejando a los recién llegados con pérdidas significativas.

Los inversores que sucumben al atractivo de las exageraciones sin realizar la debida diligencia a menudo cometen errores comunes que pueden provocar la pérdida de oportunidades y pérdidas financieras importantes.

Perseguir proyectos promocionados normalmente implica tomar decisiones de inversión basadas en información superficial o rumores, sin profundizar en los fundamentos del proyecto. Esta falta de investigación exhaustiva impide que los inversores comprendan la tecnología, el caso de uso, el equipo y los desafíos potenciales de la altcoin.

Los proyectos publicitados pueden experimentar aumentos de precios a corto plazo debido al sentimiento del mercado, pero su viabilidad a largo plazo a menudo depende de factores fundamentales como la utilidad, la adopción y la demanda del mercado. Ignorar estos fundamentos puede conducir a inversiones en proyectos que carecen de una base sólida para un crecimiento sostenible.

La inversión impulsada por la publicidad a menudo desencadena una toma de decisiones emocional, en la que los inversores actúan impulsivamente por miedo a perderse algo o perder ganancias potenciales. El comercio emocional puede nublar el juicio y conducir a inversiones apresuradas que no están alineadas con los objetivos a largo plazo o la tolerancia al riesgo del inversor.

Perseguir proyectos publicitados sin la debida diligencia expone a los inversores a diversos riesgos y dificultades potenciales.

Los proyectos publicitados son susceptibles a la manipulación del mercado, especialmente en forma de esquemas de bombeo y descarga. Individuos o grupos sin escrúpulos pueden aprovechar la exageración para hacer subir los precios, dejando a los inversores desprevenidos con pérdidas significativas una vez que la exageración disminuye.

Los proyectos de altcoins impulsados por exageraciones a menudo experimentan una rápida apreciación de precios seguida de caídas igualmente rápidas. Sin una base sólida y una demanda genuina del mercado, estos proyectos pueden tener dificultades para mantener el impulso y enfrentar desafíos en el largo plazo.

Perseguir proyectos publicitados puede llevar a los inversores a perder oportunidades de inversiones en altcoins genuinamente prometedoras. Si bien se centran en las últimas novedades, los inversores pueden pasar por alto proyectos menos publicitados pero más sólidos desde el punto de vista fundamental y con un fuerte potencial de crecimiento.

Los inversores deben adoptar un enfoque disciplinado y basado en la investigación para invertir en altcoins para evitar los peligros de perseguir proyectos publicitados sin la debida diligencia.

Es fundamental realizar una investigación exhaustiva antes de realizar cualquier inversión en altcoins. Los inversores deben analizar cuidadosamente el documento técnico del proyecto, el progreso del desarrollo, los miembros del equipo, las asociaciones y la participación de la comunidad.

Comprender la tecnología subyacente y sus casos de uso en el mundo real puede proporcionar información sobre el potencial del proyecto para el éxito a largo plazo. Los inversores deberían evaluar si la altcoin ofrece soluciones innovadoras o simplemente replica tecnologías existentes.

Los conocimientos y la experiencia del equipo detrás del proyecto altcoin son factores críticos a considerar. Los inversores deben buscar un equipo con un historial de proyectos exitosos y un compromiso genuino con los objetivos del proyecto.

Las comunidades activas y comprometidas pueden indicar el potencial de un proyecto para una adopción generalizada. Involucrarse con la comunidad también puede proporcionar información valiosa sobre el progreso del proyecto y la recepción entre los usuarios.

Los inversores deberían centrarse en la viabilidad a largo plazo de los proyectos de altcoins, en lugar de en los movimientos de precios a corto plazo impulsados por las exageraciones. Tener en cuenta factores como la utilidad, la escalabilidad y la demanda potencial del mercado de la altcoin puede ayudar a los inversores a identificar proyectos con capacidad de permanencia.

La diversificación es una estrategia crucial para mitigar los riesgos asociados con las inversiones individuales en altcoins. Al distribuir su capital entre diferentes altcoins con diferentes perfiles de riesgo, los inversores pueden reducir el impacto del bajo rendimiento de un solo proyecto en su cartera general.

Mantener la disciplina y evitar la toma de decisiones emocionales es crucial en la inversión en altcoins. Los inversores deben desarrollar y ceñirse a un plan de inversión claro, incluso frente a movimientos de precios impulsados por exageraciones.

Perseguir proyectos publicitados sin la debida diligencia es un error común que los inversores de altcoins deben evitar para proteger su capital y maximizar su potencial de ganancias a largo plazo. La inversión impulsada por la publicidad puede conducir a una toma de decisiones emocional, a la vulnerabilidad a la manipulación del mercado y a la pérdida de oportunidades para proyectos de altcoins genuinamente prometedores.

Los inversores pueden tomar decisiones informadas y racionales en el mercado de altcoins realizando una investigación exhaustiva, considerando la viabilidad a largo plazo, practicando la gestión de riesgos y evitando el comercio emocional. La inversión en altcoins es un espacio dinámico y en evolución que recompensa a quienes lo abordan con disciplina, paciencia y compromiso con la debida diligencia. A medida que crece el mercado de las criptomonedas, evitar el atractivo de las inversiones exageradas será crucial para los inversores que busquen carteras de altcoins sostenibles y exitosas.

Pasando por alto posibles señales de alerta

El mercado de altcoins es un ámbito de posibilidades en constante expansión que ofrece a los inversores la oportunidad de participar en el crecimiento de proyectos prometedores de blockchain. A medida que aumenta la popularidad de las criptomonedas, continuamente surgen nuevas altcoins, cada una con su propuesta de valor única y potencial de retornos significativos. Con tantas opciones, los inversores deben actuar con cautela y realizar una debida diligencia exhaustiva para identificar oportunidades genuinas y mantenerse alejados de posibles obstáculos. Uno de los errores más comunes al invertir en altcoins es pasar por alto posibles señales de alerta. Esta sección explora los peligros de ignorar las señales de advertencia en las inversiones en altcoins, las señales de alerta comunes que los inversores pueden encontrar y las estrategias para evitar ser víctimas de decisiones desafortunadas.

La debida diligencia es fundamental en cualquier esfuerzo de inversión, y la inversión en altcoins no es una excepción. Llevar a cabo la debida diligencia implica investigar exhaustivamente los fundamentos, el equipo, la tecnología, el potencial de mercado y cualquier riesgo potencial o señal de alerta de un proyecto de altcoin. Este procedimiento brinda a los inversores el poder de decidir sabiamente basándose en una comprensión completa de las ventajas y desventajas de la altcoin.

La debida diligencia es una parte integral de la gestión de riesgos en la inversión en altcoins. Identificar posibles señales de alerta ayuda a los inversores a evaluar el riesgo asociado con una inversión y asignar su capital de manera inteligente.

Una investigación exhaustiva permite a los inversores separar los proyectos prometedores de altcoins con un potencial genuino de aquellos que carecen de una base sólida. Esta diferenciación es crucial en un mercado con multitud de opciones.

Pasar por alto las señales de alerta en la búsqueda de ganancias rápidas puede exponer a los inversores a riesgos importantes y pérdidas potenciales. Los inversores deben ser conscientes de estas señales de alerta comunes y tener cuidado al encontrarlas.

El equipo detrás de un proyecto de altcoin juega un papel crucial en su éxito. La falta de transparencia con respecto a las identidades, calificaciones o experiencia de los miembros del equipo podría indicar posibles problemas de confianza o una falta de experiencia genuina.

Un documento técnico es un documento fundamental que describe la tecnología, el caso de uso y la visión de una altcoin. Un documento técnico poco claro o vago, o la ausencia total de uno, puede ser una señal de alerta, ya que puede indicar una falta de dirección clara o potencial de engaño.

En los casos en que una parte importante del suministro total de una altcoin está en manos de un pequeño número de personas o entidades, existe el riesgo de manipulación del mercado. Una distribución concentrada de tokens puede generar volatilidad de precios y una liquidez limitada del mercado.

Los proyectos de altcoins que prometen rendimientos irrealmente altos o que parecen demasiado buenos para ser verdad deben abordarse con precaución. A menudo, las inversiones basadas en afirmaciones extravagantes sin pruebas sustanciales de viabilidad van acompañadas de riesgos importantes.

Pasar por alto las señales de alerta en la inversión en altcoins puede tener graves consecuencias para los inversores, incluidas pérdidas financieras y oportunidades perdidas.

Los proyectos de altcoins con agendas ocultas o intenciones fraudulentas pueden atraer inversores desprevenidos al capitalizar la exageración y el entusiasmo. Pasar por alto las señales de alerta puede conducir a inversiones en estafas o esquemas Ponzi, lo que resulta en la pérdida del capital invertido.

Invertir en proyectos de altcoins sin fundamentos sólidos puede generar resultados decepcionantes. Los proyectos que carecen de casos de uso claros, tecnología innovadora o un equipo competente pueden no lograr ganar terreno en el mercado, lo que resulta en precios de tokens estancados o a la baja.

Hacer caso omiso de posibles señales de alerta puede hacer que los inversores pierdan oportunidades de invertir en proyectos con potencial genuino de crecimiento. Al descuidar una investigación exhaustiva, los inversores pueden pasar por alto gemas ocultas entre la amplia gama de altcoins.

Para evitar pasar por alto las señales de alerta en la inversión en altcoins, los inversores deben adoptar un enfoque disciplinado y basado en la investigación en sus decisiones de inversión.

Una investigación y un análisis exhaustivos son esenciales antes de realizar cualquier inversión en altcoins. Los inversores deben examinar el documento técnico, los miembros del equipo, la tecnología, el caso de uso y el potencial de mercado de la altcoin.

Un documento técnico claro y bien redactado debe describir el propósito, la tecnología y la hoja de ruta de la altcoin. Los inversores deberían buscar proyectos con objetivos transparentes y realistas.

La transparencia con respecto a la identidad, experiencia y calificaciones del equipo es crucial. Los inversores deben verificar las credenciales de los miembros del equipo y comprobar si hay éxitos o fracasos pasados.

Las comunidades activas y comprometidas son una señal positiva de un proyecto saludable. Los inversores deben observar las interacciones y el sentimiento de la comunidad para medir el interés del proyecto.

Depender de múltiples fuentes de información y buscar verificación independiente puede ayudar a los inversores a tomar decisiones más informadas. Buscar opiniones y conocimientos de expertos y personas influyentes de la industria puede proporcionar una perspectiva completa.

Los inversores deben evitar tomar decisiones emocionales impulsadas por FOMO (miedo a perderse algo) sobre ganancias potenciales. El trading emocional puede nublar el juicio y conducir a malas decisiones de inversión. Los inversores deben definir sus objetivos de inversión, tolerancia al riesgo y estrategias de salida antes de invertir en altcoins. Este plan debe guiar su proceso de toma de decisiones y ayudar a evitar acciones impulsivas. Las expectativas realistas con respecto a los rendimientos y las fluctuaciones del mercado pueden ayudar a los inversores a tomar decisiones sensatas.

Pasar por alto posibles señales de alerta en la inversión en altcoins es un error común que puede tener consecuencias extremas para los inversores. Una diligencia debida exhaustiva y una toma de decisiones cautelosa son esenciales para identificar oportunidades genuinas y evitar estafas o proyectos de bajo rendimiento.

Los inversores deben estar atentos al evaluar los proyectos de altcoins y tomarse el tiempo para realizar una investigación exhaustiva. Al comprender las señales de alerta comunes y adoptar un enfoque disciplinado, los inversores pueden minimizar los riesgos y aumentar sus posibilidades de realizar inversiones exitosas en altcoins. En un mercado de altcoins de ritmo rápido y en constante cambio, una toma de decisiones cautelosa e informada es fundamental para construir una cartera de inversiones sostenible y rentable.

CAPÍTULO X

Navegando por los intercambios y plataformas comerciales de Altcoins

Elegir los intercambios adecuados para el comercio de altcoins

Para los inversores que desean diversificar sus carteras y aprovechar el potencial de crecimiento de las criptomonedas, el mundo del comercio de altcoins ofrece una gran cantidad de alternativas. Sin embargo, el éxito del comercio de altcoins depende de la toma de decisiones informadas, y uno de los aspectos más cruciales es elegir los intercambios adecuados. El intercambio que elija puede afectar significativamente factores como la liquidez, la seguridad, las tarifas, los pares comerciales disponibles y la experiencia comercial general. Esta sección profundiza en la importancia de seleccionar intercambios adecuados para el comercio de altcoins, explora factores críticos a considerar al evaluar los intercambios y proporciona estrategias para tomar decisiones bien informadas que optimicen las experiencias comerciales.

El comercio de altcoins implica realizar transacciones con una amplia gama de criptomonedas, muchas de las cuales no están disponibles en las principales bolsas como Coinbase o Binance. Como tal, la elección de los intercambios juega un papel vital a la hora de determinar el éxito de los comerciantes de altcoins por varias razones de peso.

En primer lugar, el acceso a una variedad de altcoins es fundamental. Los diferentes intercambios ofrecen distintas selecciones de altcoins, y elegir plataformas con una amplia gama permite a los operadores explorar oportunidades de inversión únicas que se alinean con sus estrategias. Además, la liquidez y la profundidad de la cartera de pedidos son factores vitales en el comercio. Optar por bolsas con alta liquidez y carteras de pedidos profundas garantiza una compra y venta fluida sin afectar significativamente el precio del activo, reduciendo así el riesgo de deslizamiento. Además, la seguridad y la confiabilidad son primordiales en las criptomonedas, donde acechan amenazas de ataques y estafas. Por lo tanto, elegir intercambios acreditados y confiables protege los activos y la información personal de los comerciantes. También se deben tener en cuenta las tarifas comerciales. Las altas tarifas comerciales pueden erosionar las ganancias, especialmente para los comerciantes activos, mientras que las estructuras de tarifas competitivas pueden mejorar la rentabilidad general. Finalmente, la experiencia del usuario en el intercambio es crucial. Una interfaz fácil de usar y una atención al cliente receptiva tienen un impacto significativo en la productividad y la toma de decisiones de los comerciantes.

Para elegir los intercambios adecuados para el comercio de altcoins, los operadores deben evaluar cuidadosamente varios factores que influyen en su experiencia comercial.

Las medidas de seguridad deberían ser una máxima prioridad. Los protocolos de seguridad sólidos, como la autenticación de dos factores (2FA), el almacenamiento en frío de los fondos y las auditorías de seguridad periódicas, son esenciales para salvaguardar los fondos y la información personal. Además, es fundamental evaluar la reputación y el historial de una bolsa. Una investigación exhaustiva sobre el historial de un intercambio, las revisiones y los comentarios de otros operadores proporciona información sobre su confiabilidad y confiabilidad.

La selección de altcoins que ofrece el intercambio es igualmente importante. Los operadores deben examinar la variedad de altcoins enumeradas y la cantidad de pares comerciales disponibles, ya que una selección diversa garantiza amplias oportunidades para explorar diferentes mercados. Además, la liquidez y el volumen de operaciones en la bolsa son consideraciones fundamentales. La alta liquidez y los importantes volúmenes de negociación mejoran la capacidad de los operadores para ejecutar órdenes de forma rápida y eficiente.

Además, los comerciantes deben evaluar la estructura de tarifas del intercambio. Los diferentes intercambios tienen diferentes programas de tarifas, incluidas tarifas de negociación, retiro y depósito. Optar por bolsas con tasas competitivas puede afectar significativamente la rentabilidad general.

Una interfaz fácil de usar y una experiencia de usuario fluida son esenciales para un comercio fluido. La evaluación de la plataforma del intercambio y la atención al cliente permite a los operadores asegurarse de que satisfaga sus necesidades y mejore su experiencia comercial general.

Los operadores de Altcoins pueden elegir entre varios tipos de intercambios, cada uno con características y beneficios únicos.

Los intercambios centralizados (CEX) operan como intermediarios entre compradores y vendedores, proporcionando alta liquidez, una amplia gama de altcoins y conversiones sencillas de fiat a cripto. Sin embargo, exigen que los comerciantes confíen en el intercambio para salvaguardar sus fondos e información personal.

Los intercambios descentralizados (DEX) operan en redes blockchain, lo que permite a los usuarios comerciar directamente desde sus billeteras. DEX prioriza el control y la privacidad del usuario, pero puede tener menor liquidez y selecciones limitadas de altcoins en comparación con los intercambios centralizados.

Para brindar las ventajas de la descentralización y al mismo tiempo ofrecer la liquidez y la selección de altcoins de los intercambios centralizados, los intercambios híbridos incluyen componentes de plataformas centralizadas y descentralizadas.

Elegir las bolsas adecuadas requiere un enfoque reflexivo que tenga en cuenta las preferencias comerciales individuales y la tolerancia al riesgo.

Es primordial realizar una investigación exhaustiva y realizar la debida diligencia en los intercambios considerados. Las reseñas, los comentarios y la información de fuentes confiables brindan información sobre la reputación y el historial de un intercambio.

Comenzar con intercambios establecidos y conocidos puede brindar una sensación de seguridad, especialmente para los principiantes. Los intercambios establecidos suelen tener un historial comprobado y ofrecer una gama más amplia de altcoins.

Considere las opiniones de los usuarios para obtener información valiosa sobre el rendimiento de un intercambio, la atención al cliente y la experiencia general del usuario. Tanto las críticas positivas como las negativas contribuyen a una opinión equilibrada.

Antes de comprometer fondos importantes, pruebe un intercambio con una pequeña inversión para evaluar su plataforma, velocidad de ejecución y atención al cliente. Este período de prueba permite a los operadores evaluar la idoneidad del intercambio para su estilo comercial.

Elegir los intercambios adecuados para el comercio de altcoins es crucial para una inversión exitosa en criptomonedas. Al considerar cuidadosamente factores como la seguridad, la reputación, la selección de altcoins, las tarifas y la experiencia del usuario, los operadores pueden identificar intercambios que se alineen con sus objetivos comerciales y su tolerancia al riesgo. Realizar una investigación exhaustiva, probar los intercambios con pequeñas inversiones y mantenerse informado sobre el panorama cambiante de los intercambios de altcoins contribuirá a una experiencia comercial gratificante y rentable. En un mercado de criptomonedas en constante evolución, tomar decisiones bien informadas con respecto a los intercambios es esencial para mantenerse a la vanguardia en este panorama en constante cambio.

Consejos para operar de forma segura y eficiente

El comercio de altcoins se ha convertido en una empresa lucrativa para los inversores que buscan oportunidades más allá de las criptomonedas convencionales. El mercado de altcoins ofrece una gran cantidad de activos digitales con características distintas y potencial de generar retornos sustanciales. Sin embargo, este panorama dinámico presenta desafíos y riesgos, como la volatilidad del mercado, amenazas a la seguridad y posibles estafas. Para navegar con éxito en el mercado de altcoins, los comerciantes deben adoptar prácticas seguras y eficientes. Esta sección explora consejos esenciales para el comercio seguro y eficiente de altcoins, centrándose en la gestión de riesgos, la diligencia debida, el análisis técnico, la disciplina emocional y mantenerse actualizado con las tendencias del mercado.

El comercio de altcoins implica riesgos inherentes debido a la naturaleza volátil del mercado de criptomonedas. Para proteger el capital y optimizar los resultados comerciales, es esencial una gestión eficaz del riesgo. La diversificación es una estrategia fundamental de gestión de riesgos. Al distribuir las inversiones entre múltiples altcoins, los comerciantes pueden mitigar el impacto de las fluctuaciones de precios en activos individuales. Este enfoque reduce la exposición general al riesgo y proporciona el potencial de obtener rendimientos consistentes.

Las órdenes de limitación de pérdidas desempeñan un papel crucial a la hora de limitar las pérdidas potenciales. Al implementar órdenes de limitación de pérdidas, los operadores activan automáticamente órdenes de venta cuando el precio de una altcoin alcanza un nivel predeterminado, evitando mayores pérdidas durante caídas repentinas del mercado. La asignación adecuada de riesgos es fundamental para protegerse contra movimientos adversos del mercado. Los operadores deben evitar arriesgar porciones significativas de su capital en operaciones únicas y, en su lugar, adoptar un enfoque equilibrado.

Para tomar decisiones de inversión informadas, es vital una investigación exhaustiva antes de iniciar cualquier operación con altcoins. El análisis de Altcoin implica estudiar el documento técnico, la tecnología, el equipo, la participación de la comunidad, el caso de uso y el potencial de mercado del proyecto. Comprender la viabilidad a largo plazo y la propuesta de valor de la altcoin es crucial para las decisiones de inversión estratégica.

La evaluación de los intercambios es igualmente vital para un comercio eficiente. Antes de ejecutar operaciones, los operadores deben evaluar la reputación de un intercambio, las medidas de seguridad, las tarifas, la liquidez y la selección de altcoins. Monitorear el sentimiento dentro de la comunidad de altcoins proporciona información sobre la dinámica del mercado. Involucrarse con la comunidad y observar debates en foros y plataformas de redes sociales puede ayudar a los operadores a evaluar el sentimiento del mercado e identificar posibles tendencias de precios.

El análisis técnico es valioso para predecir movimientos de precios y tomar decisiones comerciales informadas. Estudiar gráficos de precios y emplear varios indicadores técnicos puede ayudar a los comerciantes a identificar patrones y tendencias en los precios de las altcoins. Comprender los patrones de los gráficos, los niveles de soporte y resistencia y los promedios móviles ayuda a cronometrar los puntos de entrada y salida. Una técnica comercial basada en análisis técnico ofrece un enfoque sistemático para el comercio de altcoins. Las técnicas comunes incluyen seguimiento de tendencias, operaciones de ruptura y cruces de medias móviles.

La disciplina emocional es crucial para mantener un enfoque racional y objetivo en el comercio de altcoins. El miedo a perderse algo (FOMO) puede llevar a decisiones apresuradas basadas en el miedo a perder beneficios potenciales. Los operadores deben evitar realizar operaciones impulsivas impulsadas por FOMO y, en cambio, ceñirse a su plan comercial predeterminado. Deben evitarse las ventas por miedo y pánico durante las caídas repentinas del mercado. Los comerciantes deben evaluar las condiciones del mercado objetivamente antes de tomar cualquier decisión. El exceso de operaciones puede generar mayores costos de transacción y una reducción de la rentabilidad. Los operadores deben abstenerse de realizar operaciones excesivas y centrarse en configuraciones de alta probabilidad basadas en su estrategia.

Mantener registros comerciales completos es crucial para aprender de experiencias pasadas y mejorar las decisiones comerciales futuras. Un diario comercial debe incluir detalles de cada operación, incluidos los puntos de entrada y salida, el razonamiento detrás de la operación, las ganancias o pérdidas y el estado emocional durante la operación. Revisar operaciones pasadas puede identificar patrones y mejorar la toma de decisiones. El registro de las estrategias y resultados de la gestión de riesgos permite a los operadores evaluar la eficacia de su asignación de riesgos y ajustar su enfoque en consecuencia.

Mantenerse informado sobre las últimas noticias del mercado, desarrollos y tendencias de la industria es esencial para tomar decisiones comerciales oportunas e informadas. Seguir fuentes acreditadas de noticias sobre criptomonedas y mantenerse actualizado sobre los eventos que mueven el mercado puede proporcionar información valiosa para el comercio de altcoins. Los cambios regulatorios pueden afectar significativamente el mercado de las criptomonedas. Los comerciantes deben mantenerse informados sobre los desarrollos regulatorios que afectan sus inversiones en altcoins.

El comercio seguro y eficiente de altcoins requiere una gestión de riesgos eficaz, una debida diligencia exhaustiva, análisis técnico, disciplina emocional y mantenerse actualizado con las tendencias del mercado. La diversificación, las órdenes de limitación de pérdidas y la asignación de riesgos protegen el capital de los operadores, mientras que la realización de una investigación exhaustiva garantiza decisiones de inversión informadas. El análisis técnico ayuda a identificar tendencias de precios y desarrollar estrategias comerciales efectivas. Aceptar la disciplina emocional previene decisiones impulsivas impulsadas por el miedo o FOMO. Además, mantener registros detallados y mantenerse informado sobre las noticias del mercado y los desarrollos regulatorios contribuye al éxito general de los operadores en el dinámico y cambiante mercado de altcoins. Siguiendo estos consejos, los operadores pueden navegar por el panorama de las altcoins de forma segura y eficiente, maximizando su potencial para obtener resultados rentables en esta industria apasionante y en evolución.

CAPÍTULO XI

Tendencias futuras en los mercados Altcoin e ICO

Predicciones para el futuro de Altcoins y ICO

Desde el nacimiento de Bitcoin, el mercado de las criptomonedas ha sido testigo de una proliferación de criptomonedas alternativas, o altcoins, cada una con su propuesta de valor y casos de uso únicos. En conjunto, las Ofertas Iniciales de Monedas (ICO) alguna vez provocaron un frenesí de recaudación de fondos para proyectos innovadores de blockchain. Sin embargo, el panorama de las criptomonedas es dinámico y el futuro de las altcoins y las ICO está sujeto a debates e incertidumbres continuos. Esta sección explora las posibles direcciones para las altcoins y las ICO, examinando los desafíos y oportunidades que se avecinan.

Es probable que las altcoins sigan evolucionando, creando casos de uso especializados y abordando necesidades de industrias específicas. Algunas altcoins pueden encontrar su lugar en el floreciente sector de las finanzas descentralizadas (DeFi), ofreciendo servicios financieros como préstamos, empréstitos y provisión de liquidez. Otros pueden centrarse en mejorar la escalabilidad, la privacidad o la interoperabilidad entre las redes blockchain, mejorando la eficiencia general del ecosistema.

La integración de altcoins en aplicaciones del mundo real está a punto de acelerarse. La adopción más amplia de la tecnología Blockchain permite que las altcoins admitan casos de uso prácticos como la verificación de identidad digital, la gestión de la cadena de suministro o los sistemas de votación descentralizados. Las altcoins que puedan interactuar sin problemas con los sistemas existentes contribuirán a la aceptación y utilidad generalizada de los activos digitales.

Además, la interoperabilidad sigue siendo un desafío apremiante en el espacio de las criptomonedas. Las altcoins que pueden facilitar las transacciones entre cadenas y las interacciones entre diferentes redes blockchain probablemente ganarán prominencia, fomentando una mayor conectividad y eficiencia dentro del ecosistema descentralizado.

Las altcoins enfrentan desafíos formidables en su lucha por el reconocimiento y la adopción. La competencia de criptomonedas bien establecidas como Bitcoin y Ethereum plantea un obstáculo importante para las nuevas altcoins. Superar los efectos de red y el reconocimiento generalizado de estas monedas dominantes requiere propuestas de valor convincentes y soluciones innovadoras.

Los obstáculos regulatorios siguen siendo una gran preocupación para las altcoins. A medida que el mercado de las criptomonedas madura, los organismos reguladores de todo el mundo están interesados en imponer requisitos de cumplimiento y examinar las ICO en busca de posibles violaciones de valores. Adherirse a las regulaciones y estándares de cumplimiento en evolución es esencial para que las altcoins obtengan una aceptación generalizada y eviten complicaciones legales.

Para atraer a los usuarios principales, las altcoins deben priorizar la experiencia y la accesibilidad del usuario. Las interfaces fluidas, las velocidades de transacción más rápidas y las tarifas más bajas son factores críticos que pueden influir en las decisiones de los usuarios de adoptar proyectos de altcoins.

Las preocupaciones por la seguridad son otro desafío para los proyectos de altcoins. Los incidentes pasados de piratería informática y violaciones de seguridad han generado dudas sobre la seguridad de los activos digitales. Las altcoins deben implementar medidas de seguridad sólidas para proteger los fondos de los usuarios y reforzar la confianza en el ecosistema.

Las ICO, alguna vez aclamadas como un método revolucionario de recaudación de fondos, han enfrentado su parte de desafíos y críticas. Como resultado, las ofertas de tokens de seguridad (STO) y las ofertas de intercambio inicial (IEO) han surgido como alternativas más reguladas y seguras.

Es probable que las STO ganen prominencia, ya que proporcionan a los inversores tokens respaldados por activos del mundo real, ofreciendo así más transparencia y cumplimiento normativo. De manera similar, las IEO, realizadas a través de intercambios de criptomonedas, ofrecen a los inversores una capa adicional de legitimidad y diligencia debida.

Las futuras ICO pueden centrarse en tokens de utilidad, ofreciendo acceso a servicios o productos específicos dentro del ecosistema blockchain. Al hacerlo, los proyectos pueden evitar posibles obstáculos regulatorios asociados con los tokens de seguridad.

A medida que el mercado de las criptomonedas madure, la adopción institucional está preparada para desempeñar un papel fundamental en el futuro de las altcoins y las ICO. Los inversores institucionales pueden considerar las altcoins como activos atractivos para la diversificación, lo que generará importantes entradas de capital y expansión del mercado.

Las asociaciones entre proyectos de altcoins y empresas establecidas también facilitarán la integración general. La colaboración con instituciones financieras tradicionales o empresas de tecnología puede proporcionar la infraestructura y la credibilidad necesarias para que florezcan las altcoins y las ICO.

Además, la claridad regulatoria es fundamental para lograr una mayor aceptación de las altcoins y las ICO. A medida que los gobiernos y los organismos reguladores aclaren su postura sobre las criptomonedas, la industria se beneficiará de una mayor certeza y legitimidad.

A medida que el sector de las criptomonedas continúa desarrollándose rápidamente, el futuro de las altcoins y las ICO sigue siendo incierto. Es probable que las altcoins encuentren su lugar en casos de uso especializados, se integren con aplicaciones del mundo real y prioricen la interoperabilidad para abordar los desafíos que plantean las criptomonedas establecidas.

Impacto de los avances tecnológicos en el espacio criptográfico

Los avances tecnológicos innovadores han impulsado principalmente la rápida evolución del espacio de las criptomonedas. Desde la creación de Bitcoin en 2009, la industria de las criptomonedas ha sido testigo de cambios transformadores que tienen implicaciones de largo alcance más allá de las monedas digitales. Esta sección explora el impacto significativo de los avances tecnológicos en el espacio criptográfico, enfocándose en la escalabilidad de blockchain, la privacidad, la seguridad, el aumento de las finanzas descentralizadas (DeFi) y la adopción más amplia de las criptomonedas.

La escalabilidad de Blockchain ha sido un desafío persistente que ha dificultado su adopción y usabilidad generalizadas. Sin embargo, los avances tecnológicos han provocado el desarrollo de soluciones innovadoras. Las soluciones de escalamiento de Capa 2, como Raiden Network para Ethereum y Lightning Network para Bitcoin, permiten transacciones fuera de la cadena, aumentando sustancialmente el rendimiento de las transacciones y reduciendo las tarifas. Además, los canales estatales y de fragmentación han surgido como enfoques prometedores para mejorar la escalabilidad de blockchain, permitiendo que las redes procesen más transacciones en paralelo.

Además, la interoperabilidad y las soluciones entre cadenas se han vuelto esenciales para fomentar la colaboración entre diferentes ecosistemas de blockchain. Proyectos como Polkadot y Cosmos facilitan una comunicación fluida entre diversas cadenas de bloques, mejorando la eficiencia y utilidad generales en todo el espacio criptográfico.

La privacidad se ha convertido en una preocupación primordial en el ámbito de las criptomonedas, donde las cadenas de bloques públicas exponen inherentemente los detalles de las transacciones. Los avances tecnológicos han dado lugar a criptomonedas centradas en la privacidad, como Monero y Zcash, para abordar este desafío. Estas altcoins aprovechan técnicas criptográficas avanzadas para mejorar el anonimato transaccional, salvaguardando la privacidad del usuario.

Además, las mejoras en los mecanismos de consenso han reforzado la seguridad de blockchain. Si bien la Prueba de trabajo (PoW) sigue siendo el mecanismo dominante, alternativas como la Prueba de participación (PoS) y la Prueba de participación delegada (DPoS) ofrecen alternativas energéticamente eficientes, asegurando las redes sin el proceso de minería que requiere un uso intensivo de recursos.

La seguridad de los contratos inteligentes, que sustentan numerosas aplicaciones blockchain, también ha experimentado avances. Se han implementado herramientas de verificación formales y procesos de auditoría de código para identificar vulnerabilidades y reducir el riesgo de explotación de contratos inteligentes, mejorando la seguridad general del espacio criptográfico.

Los avances tecnológicos han sido fundamentales para permitir el surgimiento de DeFi, revolucionando el panorama financiero tradicional. Las plataformas DeFi aprovechan la tecnología blockchain para brindar servicios financieros descentralizados, ofreciendo a los usuarios acceso a préstamos, empréstitos, agricultura de rendimiento y más.

Los creadores de mercado automatizados (AMM) se han convertido en un componente crítico de las plataformas DeFi, lo que permite el comercio descentralizado sin los libros de pedidos tradicionales. Algoritmos como los Creadores de Mercado de Productos Constantes (CPMM) y los Creadores de Mercado de Media Constante (CMMM) optimizan los intercambios de tokens y la provisión de liquidez, mejorando la eficiencia de DeFi.

Los oráculos descentralizados desempeñan un papel vital a la hora de suministrar datos del mundo real a las aplicaciones DeFi. Los avances tecnológicos en las redes Oracle han mejorado la confiabilidad y la seguridad, lo que garantiza el funcionamiento preciso de las plataformas DeFi.

La aceptación generalizada de las criptomonedas en numerosas industrias se ha visto significativamente influenciada por los avances tecnológicos.

La integración de los comerciantes de los procesadores de pagos con criptomonedas ha facilitado la adopción de las criptomonedas para las transacciones diarias. Las mejoras tecnológicas en el procesamiento de pagos han reducido los tiempos y las tarifas de las transacciones, lo que hace que las criptomonedas sean más factibles para el uso diario.

Los gobiernos de todo el mundo también han explorado el concepto de monedas digitales de los bancos centrales (CBDC), que son versiones digitales de las monedas nacionales. Los avances tecnológicos han acelerado el desarrollo y las pruebas de las CBDC, revolucionando potencialmente el sistema financiero tradicional.

Además, se han desarrollado billeteras de criptomonedas fáciles de usar para atender tanto a usuarios principiantes como avanzados, ofreciendo interfaces seguras e intuitivas para administrar activos digitales.
Si bien los avances tecnológicos han aportado avances sustanciales al criptoespacio, aún quedan desafíos e implicaciones por abordar.

El panorama regulatorio en evolución plantea un desafío importante para la industria de la criptografía. Es fundamental lograr un equilibrio entre promover la innovación y mitigar los riesgos. Los avances tecnológicos en privacidad y seguridad requieren una mayor atención regulatoria para abordar posibles preocupaciones sobre actividades ilícitas.

Persisten las preocupaciones medioambientales relacionadas con el uso intensivo de energía de la minería PoW. Los avances tecnológicos en los mecanismos de consenso, como PoS, tienen como objetivo abordar estos problemas y hacer que las redes blockchain sean más sostenibles.

Garantizar la inclusión financiera de las poblaciones desatendidas sigue siendo una prioridad. Si bien las tecnologías DeFi y blockchain pueden mejorar potencialmente el acceso financiero, es necesario abordar las barreras de entrada, como la conectividad limitada a Internet y la alfabetización digital.

Los avances tecnológicos han impactado profundamente el espacio criptográfico, revolucionando la escalabilidad, la privacidad, la seguridad, DeFi y una adopción más amplia. Soluciones como el escalado de capa 2, los protocolos de interoperabilidad y las monedas centradas en la privacidad han abordado desafíos de larga data, haciendo que las criptomonedas sean más eficientes y fáciles de usar.

El auge de DeFi ha transformado el panorama financiero tradicional, ofreciendo alternativas descentralizadas a las finanzas convencionales. Sin embargo, es necesario superar los desafíos relacionados con la regulación, el impacto ambiental y la inclusión financiera para desbloquear plenamente el potencial de la tecnología en el espacio criptográfico.

De cara al futuro, se espera que las continuas innovaciones tecnológicas den forma al futuro del criptoespacio, creando nuevas posibilidades para los sistemas financieros, la gestión de activos digitales y el comercio global. A medida que la industria continúa evolucionando, las partes interesadas deben colaborar, adoptar la innovación responsable y navegar por el panorama cambiante para aprovechar todo el potencial de la tecnología en el espacio criptográfico.

CONCLUSIÓN

Resumen de puntos clave

A lo largo de este libro electrónico, hemos explorado varios temas relacionados con el fascinante mundo de las criptomonedas y la tecnología blockchain. Desde los conceptos básicos de las criptomonedas y blockchain hasta las complejidades del comercio de altcoins y el impacto de los avances tecnológicos, hemos profundizado en los matices de este espacio en rápida evolución. Al concluir este libro electrónico, recapitulemos los puntos clave cubiertos en cada sección y reflexionemos sobre los conocimientos adquiridos.

Comprensión de las criptomonedas y la tecnología Blockchain

Las secciones iniciales sentaron las bases para comprender las criptomonedas y la tecnología blockchain. Aprendimos que las criptomonedas son monedas digitales o virtuales que utilizan la criptografía por motivos de seguridad, y Bitcoin, introducida en 2009, es la primera y más conocida criptomoneda. El concepto de transacciones descentralizadas entre pares, facilitadas por la tecnología blockchain, revolucionó el panorama financiero al ofrecer transparencia, seguridad y desintermediación.

Explorando Altcoins y ICO

La exploración de altcoins y las ofertas iniciales de monedas (ICO) nos presentó al mundo diverso de las criptomonedas alternativas y los métodos de recaudación de fondos. Las altcoins son criptomonedas distintas de

Bitcoin, cada una con características únicas y casos de uso potenciales. Las ICO alguna vez proporcionaron una forma novedosa para que los proyectos de blockchain recaudaran fondos, pero debido a preocupaciones regulatorias y estafas, el panorama ha cambiado hacia ofertas más reguladas como las ofertas de tokens de seguridad (STO) y las ofertas de intercambio inicial (IEO).

Protección contra hackeos y estafas en el mercado de altcoins

Esta sección destacó la importancia de proteger las inversiones en altcoins contra posibles ataques y estafas. La gestión eficaz de riesgos, la diligencia debida y las prácticas comerciales seguras son esenciales para protegerse contra pérdidas y fraudes. Al diversificar las inversiones, establecer órdenes de limitación de pérdidas y realizar investigaciones exhaustivas, los operadores pueden minimizar los riesgos en el mercado de altcoins.

Comprender las implicaciones fiscales del comercio de altcoins

La exploración de las implicaciones fiscales en el comercio de altcoins enfatizó la importancia de un mantenimiento de registros preciso y el cumplimiento fiscal. Las regulaciones fiscales varían según la jurisdicción y los comerciantes deben ser conscientes de sus obligaciones fiscales cuando participan en el comercio de criptomonedas. Mantener registros detallados de las transacciones, las ganancias y las pérdidas es crucial para presentar declaraciones de impuestos precisas y evitar complicaciones legales.

Mantener registros e informes precisos del comercio de altcoins

Aprovechando las implicaciones fiscales, esta sección destacó la importancia de mantener registros comerciales completos. Un diario comercial permite a los operadores analizar operaciones pasadas, identificar patrones y mejorar las estrategias de toma de decisiones. Los registros detallados de las técnicas y resultados de la gestión de riesgos ayudan a evaluar la eficacia de la asignación de riesgos.

Examinando las Altcoins de mejor rendimiento

En esta sección, examinamos los factores que contribuyen al éxito de las altcoins de alto rendimiento. Una investigación exhaustiva del proyecto, la tecnología, el equipo y el potencial de mercado de la altcoin es crucial para tomar decisiones de inversión informadas. La capacidad de adaptarse a las diferentes dinámicas del mercado y abordar los problemas del mundo real distingue a las altcoins exitosas del resto.

Aprendiendo de ICO anteriores: qué salió bien y qué salió mal

El análisis de ICO anteriores arrojó luz sobre sus éxitos y fracasos. Identificar los factores que contribuyen al éxito de las ICO, como documentos técnicos sólidos, equipos sólidos y hojas de ruta claras, puede guiar los proyectos futuros hacia mejores resultados. Por el contrario, comprender los obstáculos que llevaron al fracaso de las ICO puede ayudar a los aspirantes a empresarios a evitar errores similares.

*FOMO y el comercio emocional como errores comunes
en la inversión en Altcoin*

Esta sección profundizó en el aspecto emocional de la
inversión en altcoins, en particular el miedo a perderse
algo (FOMO) y su impacto en la toma de decisiones. El
comercio emocional puede dar lugar a decisiones
impulsivas, que pueden provocar pérdidas. La disciplina
emocional y un plan comercial bien definido son
fundamentales para una inversión exitosa en altcoins.

*Perseguir proyectos publicitados sin la debida
diligencia es un error común*

La discusión sobre la búsqueda de proyectos publicitados
subrayó la importancia de la debida diligencia y la
investigación. Las inversiones impulsadas por FOMO en
proyectos muy publicitados pueden ser riesgosas, ya que
a menudo carecen de fundamentos sustanciales. Los
inversores prudentes priorizan la investigación en
profundidad y la comprensión de la propuesta de valor de
la altcoin antes de comprometer capital.

*Pasar por alto posibles señales de alerta como un
error común*

Pasar por alto posibles señales de alerta es un error
común que puede exponer a los inversores a estafas y
esquemas fraudulentos. Realizar una debida diligencia
exhaustiva, evaluar el equipo del proyecto, el caso de uso
y la participación de la comunidad, y permanecer atento
a actividades sospechosas es vital para proteger las
inversiones.

Elegir los intercambios adecuados para el comercio de altcoins

Los intercambios adecuados para el comercio de altcoins son cruciales para realizar transacciones eficientes y seguras. La evaluación de la reputación de un intercambio, las medidas de seguridad, las tarifas y la selección de altcoins garantiza una experiencia comercial fluida y minimiza los riesgos.

Consejos para un comercio seguro y eficiente de Altcoins

La sección final presentó consejos esenciales para el comercio seguro y eficiente de altcoins. La gestión eficaz de riesgos, la debida diligencia integral, el análisis técnico, la disciplina emocional y mantenerse actualizado con las tendencias del mercado son componentes críticos para el éxito del comercio de altcoins.

Este completo libro electrónico ha explorado varios aspectos de la industria de las criptomonedas y blockchain. Hemos obtenido información valiosa sobre este espacio en rápida evolución, desde los fundamentos de las criptomonedas y la tecnología blockchain hasta las complejidades del comercio de altcoins y las ICO. Al comprender la importancia de la gestión de riesgos, realizar investigaciones exhaustivas y mantenernos disciplinados en nuestras decisiones de inversión, podemos navegar con confianza en el espacio criptográfico y maximizar nuestro potencial de éxito. A medida que la industria de la criptografía continúa innovando, es esencial mantener la curiosidad, la adaptabilidad y la información para aprovechar las oportunidades que se avecinan.

Reflexiones finales sobre la inversión en Altcoins y ICO

A lo largo de este libro electrónico, hemos explorado el apasionante mundo de las altcoins y las ofertas iniciales de monedas (ICO), obteniendo información sobre su potencial y riesgos. Al concluir nuestro viaje, debemos reflexionar sobre las conclusiones clave y ofrecer reflexiones finales sobre la inversión en altcoins y ICO. Si bien estas oportunidades de inversión pueden ser ventajosas, también conllevan riesgos inherentes. Esta sección profundizará en las consideraciones y recomendaciones finales para los inversores interesados en aventurarse en el espacio de las altcoins y las ICO.

Evaluación de la tolerancia al riesgo

Antes de invertir en altcoins y ICO, es fundamental evaluar la tolerancia al riesgo. El mercado de las criptomonedas es inmensamente volátil y los precios pueden experimentar fluctuaciones significativas en períodos cortos. Los inversores deben estar preparados para la posibilidad de ganancias y pérdidas sustanciales. Comprender la tolerancia al riesgo personal permite a los inversores establecer expectativas realistas y tomar decisiones informadas que se alineen con sus objetivos financieros.

Diversificación y gestión de carteras

La diversificación es un principio clave en la estrategia de inversión. La asignación de fondos a una variedad de altcoins y proyectos de ICO puede ayudar a mitigar los riesgos asociados con cualquier inversión individual. Una cartera bien diversificada debe incluir una combinación de criptomonedas establecidas, altcoins prometedoras e ICO potencialmente de alta recompensa. La gestión adecuada de la cartera, incluidas revisiones y ajustes periódicos, es vital para optimizar la rentabilidad y gestionar los riesgos.

Realización de la debida diligencia

La debida diligencia es fundamental antes de invertir en cualquier proyecto de altcoin o ICO. La evaluación del documento técnico, el equipo, la tecnología, el caso de uso, el potencial de mercado y la participación de la comunidad del proyecto proporciona información valiosa sobre la legitimidad y el potencial de éxito del proyecto. Confiar en fuentes de información creíbles y evitar inversiones basadas en exageraciones o especulaciones es esencial para tomar decisiones informadas.

Adoptar la disciplina emocional

Invertir en el espacio de las altcoins y las ICO puede evocar emociones fuertes, como el miedo a perderse algo (FOMO) y el miedo a perder. Adoptar la disciplina emocional es esencial para evitar decisiones impulsivas impulsadas por el sentimiento del mercado. Establecer objetivos de inversión claros, establecer órdenes de limitación de pérdidas y adherirse a un plan comercial bien definido puede ayudar a los inversores a mantenerse concentrados y evitar comportamientos irracionales.

Comprender el panorama regulatorio

El panorama regulatorio que rodea a las altcoins y las ICO varía significativamente según la jurisdicción. Los inversores deben comprender el entorno regulatorio de su país de residencia y cualquier posible implicación de inversión. Para evitar problemas y sanciones legales, el cumplimiento de las leyes fiscales y otras obligaciones legales es fundamental.

Mantenerse actualizado con las tendencias del mercado

El mercado de las criptomonedas es rápido y está en constante cambio. Mantenerse actualizado con las tendencias, noticias y desarrollos del mercado es crucial para tomar decisiones de inversión informadas. Seguir fuentes de noticias acreditadas, unirse a comunidades de criptomonedas y participar en debates con otros inversores puede proporcionar información valiosa y mantener a los inversores al tanto de los últimos avances en el sector.

Gestión de riesgos y estrategias de salida

Implementar estrategias efectivas de gestión de riesgos es primordial en el volátil mercado de las criptomonedas. Los operadores deben determinar sus relaciones riesgo-recompensa y establecer niveles de límite de pérdidas y obtención de ganancias para cada operación. Tener estrategias de salida claras garantiza que los inversores puedan salir de sus posiciones antes de que las pérdidas se vuelvan demasiado significativas y asegurar ganancias cuando se alcancen los objetivos.

Invertir en proyectos a largo plazo

Si bien el comercio a corto plazo puede generar ganancias, invertir en proyectos a largo plazo con fundamentos sólidos puede ser más sostenible. Las altcoins y las ICO con casos de uso del mundo real, tecnología innovadora y equipos sólidos tienen más probabilidades de tener éxito. Adoptar una perspectiva de largo plazo permite a los inversores superar la volatilidad del mercado a corto plazo y potencialmente beneficiarse del crecimiento de proyectos prometedores.

Para los inversores nuevos en el espacio criptográfico o que carecen de conocimientos técnicos profundos, puede resultar beneficioso buscar asesoramiento de asesores financieros o expertos en criptomonedas. Los profesionales experimentados pueden brindar información valiosa, evaluar perfiles de riesgo y ayudar a diseñar estrategias de inversión personalizadas.

Invertir en altcoins y ICO ofrece interesantes oportunidades de diversificación y altos rendimientos potenciales. Sin embargo, conlleva riesgos inherentes que requieren una consideración cuidadosa y una investigación diligente. Evaluar la tolerancia al riesgo, diversificar las inversiones, realizar una debida diligencia exhaustiva y adoptar la disciplina emocional son elementos fundamentales para realizar inversiones exitosas en el criptoespacio.

Comprender el panorama regulatorio y mantenerse actualizado con las tendencias del mercado es crucial para el cumplimiento y la toma de decisiones informadas. Implementar estrategias efectivas de gestión de riesgos e invertir en proyectos a largo plazo con fundamentos sólidos puede conducir a resultados más sostenibles y gratificantes.

En el vertiginoso mundo de las criptomonedas, el aprendizaje continuo y la adaptabilidad son esenciales. Al incorporar estas reflexiones y recomendaciones finales en su enfoque de inversión, los inversores pueden navegar en el espacio de las altcoins y las ICO con confianza y prudencia, optimizando sus posibilidades de éxito en este mercado dinámico y en constante evolución.

Gracias por comprar y leer/escuchar nuestro libro. Si encontraste útil este libro, te agradeceríamos que te tomes unos minutos para dejar una reseña en la plataforma donde adquiriste nuestro libro. Tu opinión es de gran importancia para nosotros.